WIZARD

|図解|
エリオット波動
トレード

Visual Guide to
ELLIOTT WAVE
TRADING

by Wayne Gorman and Jeffrey Kennedy
Foreword by Robert R. Prechter, Jr.

ウェイン・ゴーマン、ジェフリー・ケネディ [著]
ロバート・R・プレクター・ジュニア [序文]
一般社団法人 日本エリオット波動研究所 [訳]

Pan Rolling

Visual Guide to Elliott Wave Trading
by Wayne Gorman, Jeffrey Kennedy and Robert R. Prechter

Copyright © 2013 by Elliott Wave International, Inc. All rights reserved.
This translation published under license
with the original publisher John Wiley & Sons, Inc.,
and Japanese translation rights arranged with
John Wiley & Sons International Rights, Inc.
through Japan UNI Agency, Inc., Tokyo

[**免責事項**] 本書で紹介している方法や技術、指標が利益を生む、あるいは損失につながることはないと仮定してはなりません。過去の結果は必ずしも将来の結果を示すものではなく、本書の実例は教育的な目的のみで用いられるものです。

目次

序文　ロバート・R・プレクター・ジュニア　　　　　　　　5
謝辞　　　　　　　　　　　　　　　　　　　　　　　7
はじめに　　　　　　　　　　　　　　　　　　　　　9

Part I　トレード戦略集

第1章　エリオット波動トレードの基本構造　　　13

エリオット波動原理でどのようにトレードが改善できるのか …　14
トレードに適している4つのポイント　……………………………　21
エリオット波動のトレード機会　……………………………　22
修正波でトレードするべき時　……………………………　23
波形ごとのトレードのガイドライン　……………………………　24
リスク管理とトレードの心理学
　　── 成功に必須なのに軽視されている要因 ………………　31
トレードの心理学 ……………………………………………　33

Part II　トレード事例集

第2章　次のインパルスを狙うためのジグザグ、フラット
　　　でのトレード戦略　　　41

ジグザグでのトレード ── キャタピラーの事例………………　41
拡大型フラットにおけるトレード
　　── テクネコーポレーションの事例 ……………………………　46
ダブルジグザグにおけるトレード
　　── オーストラリアドルの事例 ……………………………　57
ジグザグにおけるトレード ── 銀の事例 ……………………　64
複合修正波におけるトレード ── ロブスタコーヒーの事例 …　80

第3章　次の値動きを狙いトライアングルを利用するトレード戦略　101

トライアングルにおけるトレード① ── 金の事例 ………… 101
トライアングルにおけるトレード② ── デルの事例 ……… 110

第4章　ジグザグのC波に乗れ　123

S&P500先物のジグザグC波トレードについて ……………… 123
インパルスの3波の3波をトレードする
　　── 米国債先物の事例 ……… 134

第5章　エンディングダイアゴナルは急角度の反転を狙ってトレードしよう　145

エンディングダイアゴナルにおけるトレード
　　── ダウの事例 ………………………………………… 145
エンディングダイアゴナルにおけるトレード
　　── ブロードソフトの事例 ………………………… 149
C波エンディングダイアゴナルにおけるトレード
　　── テック・リソーシズの事例 ………………… 151
エンディングダイアゴナルにおけるトレード
　　── ユーロの事例 ………………………………………… 156

Part Ⅲ エリオット波動の応用

第6章　テクニカル指標を併用する　167

RSIの弱気のダイバージェンスによるトレード
　　── クリーの事例 ………………………………………… 168
ローソク足とMACDが強気な波動カウントを支持している
　　ケース ── ウォルマートの事例 ………………… 175
複数のテクニカル指標によるトレーディング
　　── ウィン・リゾーツの事例 …………………… 183

第7章　オプション戦略［基本編］　191

第8章　オプション戦略 ［上級編］　205

ベア・コール・ラダーで大きな値動きをキャッチする
── ヒーティングオイルの事例 ……………………………… 205
ロングストラドルで5波の吹き上がる動きを狙う
── 大豆の事例 …………………………………………… 217

第9章　おわりに　235

ジェフリー・ケネディからみなさんへ ……………………… 235
ウェイン・ゴーマンからみなさんへ ………………………… 238

付録　エリオット波動入門　243
エリオット波動用語集　271
訳注　279
訳者解説　281

序文

　何年ものあいだ、私はエリオット波動によるトレーディングの本を自分の会社で制作したいと思っていた。マーケットに関しては時機がくるのを辛抱強く待つ必要があるが、トレーディング本については、ついに機が熟して、非常に洗練された2人のエリオット波動トレーダーの共著という形でこの優れた本が世に出ることになった。

　ウェイン・ゴーマンは、かつてシティバンクとウエストパック銀行の大きなトレード部門の運営責任者を経験し、現在はエリオット・ウエーブ・インターナショナル（EWI）の教育資源部門の代表を務めている。

　ジェフリー・ケネディは、かつては専業トレーダー、現在はEWIの教育部門の仕事に従事している。両氏ともEWIのトレーディングセミナーの講師であり、エリオット波動に関する優秀なライターでもある。

　本書は、完璧なトレード手法があることを示すものではない。ウェインとジェフは、自らが実際に行った数多くのトレードの事例を通じて、彼らがトレードをするうえで行っている思考プロセスを再現し、それを読者にもステップ・バイ・ステップで体験させてくれる。また、読者がトレードする際に遭遇するであろう状況を提示し、それにどう対処したらよいのかについても説明している。どれも簡単に解決できるものではなく、思慮深い分析と注意深い行動が要求される難題である。他の多くの専門家とは異なり、ウェインとジェフは自身がこれまでに経験した失敗を恥じてはいない。そうした失敗から多くを学んだからだ。彼らのトレードに関する議論を読めば、2人がいかに困難な経験を積んできたかがお分かりいただけるだろう。

　また、物事を正しく行うには、いかに多くのプロセスを踏まなければならないかということにもお気付きいただけるだろう。トレードで

成功するにはかなりの努力が必要だということを知っていただけたら、それはとても有益なことだ。「トレードなんて簡単だ」と読者に思わせるような本というのは、結局、読者に多くのお金を失わせるからだ。

　率直に言えば、多くの人はトレードに向いていないし、どんな本もトレーダーとして不向きとなる原因——衝動性や怠惰や自己破壊的な性格——を直してはくれない。しかし、本書は、この2人のトレーダーが危険性を秘めた金融市場の中で、いかにして粘り強く対処法を探って最終的にトレーダーとしての幸福を勝ち得るようになったかを詳細に伝えている。

　もし、あなたがトレードで生きていけるようになりたいとか、時々出現する絶好のチャンスをとらえてトレードできるようになりたいとか、あるいは、トレードで損をしないようになりたいと思うならば、本書を手にしていることは正解である。

　トレーダーとして成功するには、勤勉さ、規律、賢明さが求められる。この3つの条件が身につけば、金融市場でより上手に生きていけるようになるだろう。そして、トレーダーの成功に必要なもうひとつの条件は知識だ——本書はその知識を与えてくれる。

エリオット・ウエーブ・インターナショナル
ロバート・R・プレクター・ジュニア

謝辞

　本書を執筆するにあたり、同僚たちの価値ある援助に感謝する——サリー・ウェブ、ポーラ・ロベルソン、スーザン・ウォーカー、キャリ・ドビンズ、デイブ・オールマン、デビー・ホジキン、ボブ・プレッチャー、ウィル・レティガー、マイケル・マクネイリー、パム・グリーンウッドに——

はじめに

　本書『図解 エリオット波動トレード』は、エリオット波動原理を使ったトレードのための必携のガイドブックだ。トレード機会を探し、検討し、エントリーし、プロテクティブストップを上下させながらリスク管理して、最後にエグジットする、という一連の手順について解説している。

　本書は、エリオット波動原理の基礎知識とその使い方に親しんでいる読者を前提に書いてある。

　チェスの戦略本が駒の動かし方の知識を前提としているように、本書はエリオット波動原理のさまざまなパターンとそれの当てはめ方についての基礎知識を前提にしている。

　すでに熟練したエリオット波動の実践者が知識をおさらいしたいという場合には、本書巻末付録の「エリオット波動入門」を読んでいただきたい。エリオット波動の基本的な考え方や構造が概観できる。

　まったくの初心者であり、エリオット波動の詳細な解説が知りたいという人は、エリオット波動の入門書として定番になっている、プレクター＆フロストの『エリオット波動入門』（パンローリング）を一読されることをお勧めする。

　私たちは２人ともトレードで生計を立てていた時期があり、その時期におもに使っていた手法はともにエリオット波動原理だ。本書を読んでいただけば、私たちがそうしたトレードの中で行っていた試行錯誤について ―― 私たち２人が何に着目して、何を無視したか。そして、どのようなことを上手く行って、どのような間違いを犯したのか ―― みなさんに疑似体験していただけるだろう。

　本書は、たった30分で簡単に富が得られて、あとはゴルフをして過ごすような暮らしが得られる、というようなノウハウを提供するもの

9

ではない。むしろ、完璧なトレード法というものはないことや、エリオット波動を用いて上手くやるためにはさまざまな方法があることを、包み隠さず、本書の中で示している。

　ぜひ、楽しみながら読みすすめていただきたい。では、始めよう！

　　　　ウェイン・ゴーマン、ジェフリー・ケネディ

トレード戦略集

Trade Setups

PART

I

第 1 章

エリオット波動トレードの基本構造

The Anatomy of Elliott Wave Trading

　分析とトレードは違う技術である —— 私がエリオット波動原理を教える時は、いつも最初にこのことを述べる。優れたアナリストであっても、トレーダーとして成功できるとは限らないし、逆もまた真なりで、成功したトレーダーが優秀なアナリストになれるとは限らない。アナリストとトレーダーとでは求められる能力が異なる。熟練した分析者は熟練した観察者だが、トレードで成功する人は自分自身のことを熟知している人である。何年も苦労した末に、私はようやくそのことを学んだ。

　トレードには正しい方法も間違った方法もない。自分が取るべき「自分の方法」があるのみだ。それぞれのトレーダーが許容できるリスクは、時間軸という点でも、投資金額という点でも、投資対象という点でも他のトレーダーとはまったく異なる。この章ではエリオット波動のパターンごとの活用法を紹介していく。これはあくまでも "ガイドライン" だが、私にとっては長年上手く機能して利益をもたらしてくれてきたものだ。

　トレードチャンスを探すにあたって、まずはこう自問してみてほしい。「これは私が知っている波形なのか」

　エリオット波動の基本パターンは —— インパルス、ダイアゴナル、ジグザグ、フラット、トライアングルの —— 5つである。エリオット

13

波動を習得してこの５つの基本波形を速やかに特定できるようになれば、トレード機会を見極めるための重要な基礎となるだろう。

トレードチャンスを探すための、よりシンプルな問いかけは、「この波形は推進波か修正波か」というものだ。推進波は、ひと回り大きなトレンドの方向を示す波、つまりトレンド波として出現する波形であり、インパルスとダイアゴナルの２種類がある。修正波は、おもにひと回り大きなトレンドに逆行する波、つまり反トレンド波として出現する波形であり、ジグザグ、フラット、トライアングルの３種類の基本形がある。推進波か修正波かを識別できるだけでも、有利なトレードチャンスの見極めがつきやすくなる（※階層［degree］については、巻末付録の「エリオット波動入門」244ページを参照）。

エリオット波動は、チャート分析とトレードの手法に関する有益なヒントを与えてくれるが、よりよいエリオティシャン（エリオット波動を使う人）になりトレーダーとして着実に成功するために、エリオット波動の知識をどのように使えばよいかについて、本章で検証していく。具体的には、波動原理はどのようにトレードを向上させてくれるのか、どのような波動がトレードするのに最適なのか、ある波のパターンに対してどのようなガイドラインが有効なのか、そしてトレードの心理学とリスクマネジメント──多くのトレーダーがおろそかにしている──がなぜ重要なのかということを詳しく述べていく。

> 熟練した分析者は熟練した観察者だが、トレードで成功する人は自分自身のことを熟知している人である。

エリオット波動原理でどのようにトレードが改善できるのか

トレーダーも、アナリストも、テクニカルアナリストも、トレードする際に好んで使うテクニックがある。なぜ、私がエリオット波動原

第1章　エリオット波動トレードの基本構造

理を採用しているのか、その理由について説明しよう。

エリオット波動原理は従来のテクニカル分析の研究にどのような改善をもたらすか

テクニカル分析には、トレンドフォロー指標、オシレーター、センチメント指標という3つの分野がある。トレンドフォロー指標には、移動平均線、MACD（Moving Average Convergence-Divergence）、ADX（Average Directional Movement Index）などがある。現在、多くのトレーダーが使っているオシレーターとしては、ストキャスティクス、レート・オブ・チェンジ（ROC）、コモディティ・チャネル・インデックス（CCI）が挙げられる。センチメント指標には、プット・コール・レシオ、コミットメンツ・オブ・トレーダーズなどがある。

これらのテクニカル分析はトレーダーたちの判断にある程度役立つものの、トレードの分析ツールとしては物足りない面がある —— どれも最近の値動きに関して限定的にしか理解できないからだ。たとえば、その値動きがより大きな値動きの中でどのような位置付けになるのかが判断できない。例として、XYZ株という銘柄のMACDが強い数値を示し、トレンドが上向きだということを示しているとすれば、それは役立つ情報と言えるだろう。しかし、そのトレンドが新しいものなのか古いものなのか、その上向きのトレンドのターゲットプライスがどのくらいなのかといったことに答えられるなら、もっと有益ではないだろうか？

ほとんどのテクニカル分析法からは、トレンドがどのくらい成熟しているか、ターゲットプライスは明確にどこかというようなことについて、的を射た情報はまったくと言っていいほど得られない —— だが、波動原理ならそれが可能になる。

15

エリオット波動原理がトレードを向上させる５つの点

　エリオット波動原理は次の５つの点で有益であり、トレードを向上させることができる。

　　１．トレンドの判定ができる
　　２．反トレンド波かどうかの判断ができる
　　３．トレンドの成熟度の判断ができる
　　４．信頼性のあるターゲットプライスが設定できる
　　５．想定が破たんしたと判断できるポイントが設定できる

１．トレンドの判定ができる

　　ひとつ大きなトレンドと同じ方向の値動きは５波動で展開する
　　　　　　　　──ロバート・R・プレクター・ジュニア、A・J・フロスト
　　　　　　　　　　　　　　　　　　　　　　　　　　『エリオット波動入門』

　波動原理によって大きなトレンドの方向を判定することができる。具体的には、５波動で上昇する動きが確認できれば、その波を含むひと回り大きなトレンドは上昇と判断することができる。その逆に５波動の下落の値動きが確認できれば、その波を含むひと回り大きなトレンドは下落方向であると判断できる[1]。「トレンドはフレンド」ということわざにもあるとおり、大きなトレンドと同じ方向にトレードするほうが障害もリスクも少なく容易にトレードすることができるので、トレンド判断は非常に重要である。高値や安値を狙ってトレードしようとするよりも、トレンドの方向にトレードするほうがはるかにやさしいということは、私自身がこれまでの経験で思い知ったことだ。そもそも天底を狙ったトレードというのはとても難しく、コンスタントに

第1章　エリオット波動トレードの基本構造

それを成功させつづけるのは不可能なことだと思われる。

2．反トレンド波かどうかの判断ができる

　ひと回り大きなトレンドに対するリアクションの動きは3波動
構成で展開し……

――プレクター＆フロスト『エリオット波動入門』

　エリオット波動原理によって反トレンド波の動きも判定できる。3
波動の値動きは、先行するインパルスに対する修正的な反応の動きだ。
直近の値動きについて、「ひと回り大きなトレンドの中の修正の動きで
ある」ということを知るだけでも、トレードに非常に役に立つ。修正
の動きというのは、マーケットのひと回り大きなトレンドの方向に合
ったポジションを作るチャンスをトレーダーに与えてくれるからだ。
　エリオット波動の3つの基本的な修正パターン ―― ジグザグ、フラ
ット、トライアングル ―― を認識するだけで、上昇トレンドの押し目
で買ったり、下落トレンドの一時的な反発場面で買ったりすることが
できるようになる。そのようなトレードこそコンスタントに成功する
トレード戦略と言える。これは、多くの投資家の経験や実績から証明
されていることだ。修正というのがどのような動きになるかを知るこ
とで、トレンドに乗ってトレードすることができるようになるだろう。

3．トレンドの成熟度の判定ができる

　R・N・エリオットが発見したように、波のパターンは大小さまざ
まな大きさで同じパターンを形成する。この繰り返しパターンは、**図
1.1**で示しているように価格の動きがフラクタルであることを意味し
ている。⑴波は5つの小さい波に分けられるが、その一方、より大き
な5波動構成の波の一部にもなっている。この知識はトレンドが新し

17

図1.1

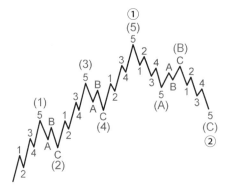

出所＝『エリオット波動入門』

いか古いかという成熟度を見極める際に役立つ。たとえば、いま５波動構成の上昇波の５波目であり、その５波目もすでに副次波の３波目か４波目まで完成してしまっているなら、買いのポジションを追加するにはタイミング的に適していない、と判断することができる。その代わり、利益確定売りをするか、少なくともプロテクティブストップを上げるべき時だという判断になる。

　波動原理によって、トレンドの方向、反トレンド波かどうかの見極め、トレンドの成熟度の判断などができるので、エリオット波動原理がトレンドの転換シグナルも発することができるというのも納得がいく。大きなトレンドの方向と反対の値動きがＡ－Ｂ－Ｃという３波動で展開したなら、この波の構造はひと回り大きなトレンドが再開するシグナルを発してくれる。つまり、Ｃ波の動きから反転してＢ波の終点を超える動きをすれば、それが転換シグナルとなる。トレンドがいつ再開したのかを正確に知ることは、トレードの成功確率を上げることにつながる。また、従来のテクニカル分析を併用すれば、その確率をさらに上げることができるだろう。

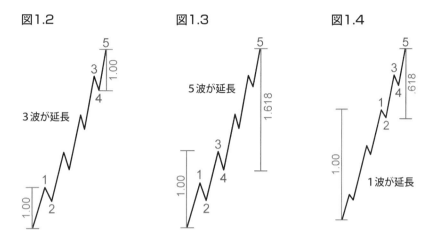

出所＝『エリオット波動入門』

４．信頼性のあるターゲットプライスが設定できる

　波動原理により、従来のテクニカル分析では得られなかった信頼度の高いターゲットプライスを想定することができる。R・N・エリオットは、波動原理について書いた著書『ネイチャーズ・ロー（Nature's Law）』の中で、フィボナッチ数列がエリオット波動原理の数学的基礎だと述べている。つまり、エリオット波動はインパルスも修正波も特定のフィボナッチ比率に従う傾向がある、ということだ。たとえば、インパルスの副次波には３つの推進波が含まれるが、この３つの推進波どうしはそれらの波の大きさについて１対１、１対1.618、１対2.618のいずれかの比率関係になる傾向がある（図1.2、図1.3、図1.4）。

　また、修正の動きについても、そのリトレース（直前の波動が進んできた値動きに対して後戻りする動きのこと）のメドをフィボナッチ比率によって考えることができる。つまり、フィボナッチ比率から計算される価格帯によって、トレーダーは利食い目標を置くことができるし、次の転換点がどのあたりの水準になりそうかということも想定

図1.5

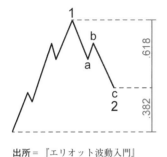

出所=『エリオット波動入門』

図1.6

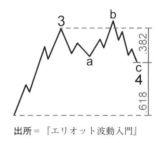

出所=『エリオット波動入門』

することができる(**図1.5**、**図1.6**)。

5．想定が破たんしたと判断できるポイントが設定できる

　エリオット波動分析により、想定が破たんしたと判断できるポイントも示すことができる。そのポイントとは、「価格がここまで上昇(下落)したら、もはや想定の有効性がなくなった」と考えられる価格水準である。自分の判断の誤りを知ることは、トレーダーにとって最も重要な情報のひとつだ。

　価格がどの水準まで動いたらトレードは失敗だと判断できるのか？ 多くの投資家はその答えの代わりにリスク管理のルールを使う。なぜなら従来のテクニカル分析がその問いにまったく答えられないからだ。しかし、エリオット波動原理なら、インパルスに関する次の3つのルールによってその答えが得られる。

　ルール1　　2波は1波を100％以上リトレースしない
　ルール2　　4波の終点は1波の範囲に食い込まない
　ルール3　　1波、3波、5波の中で3波が一番小さくなることはない

第1章　エリオット波動トレードの基本構造

　これらのルールにひとつでも反していれば、その波動のカウントが間違っているということを意味する。この知識をどう役立てるのだろうか？　たとえば、テクニカル分析が反転上昇の可能性を示唆し、その値動きの中の２波による反落局面にあると想定できるとしよう。これに従って、２波による反落局面が終わって上昇転換することを狙って買いのトレードをしたとする。この場合、トレードが失敗したと判定できるポイントは、価格が１波の始点を割り込んでしまうポイントだとはっきり決めることができる。このようなガイダンスをエリオット波動原理以外から得るのは難しい。

> 自分の判断の誤りを知ることは、トレーダーにとって最も重要な情報のひとつだ。

トレードに適している４つのポイント

　ここでとても重要なことを述べる —— ３波、５波、A波、C波はトレードに最も適している。なぜなら、これらの波はひと回り大きなトレンドの方向と同じ方向に動くからだ。強気相場でショートポジションを取ったり、弱気相場でロングポジションを取るトレーダーではなく、強気相場でロングポジションを取っているトレーダー、あるいは弱気相場でショートポジションを取っているトレーダーこそ勝機に恵まれる。多くの場合、トレンドの方向にトレードすることこそ最も困難が少ない道なのだ。

　エリオット波動原理は、成功確率の高いトレードや、やり過ごしたほうがよい相場状況を見極めるのに役立つ。５波動構成の波によってひと回り大きなトレンドを見極めることができ、３波動構成の波がそのトレンドに乗る機会を与えてくれる、ということを思い出していただきたい。**図1.7**では(3)波、(5)波、(A)波、(C)波が大きな値動きをしているが、その値動きをトレードの利益として十分に享受するためのエ

21

図1.7　エリオット波動によるトレードのポイント

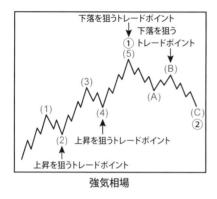

ントリーのチャンスを(2)波、(4)波、(5)波、(B)波が与えてくれる。

　たとえば、(2)波による反落は、(3)波のトレンドに乗るためのエントリーのチャンスを与えてくれるし、(5)波は(A)波による下落を狙って売るためのチャンスを与えてくれる。また、波動原理を従来のテクニカル分析とあわせて使うことによって、トレードの成功確率をさらに改善することができる。

　テクニカル分析によって多くのトレード機会を探すことができるが、エリオット波動原理は、その中で成功確率が高いものを見分ける際に役立つ。というのも、エリオット波動原理は、過去から現在にかけての株価の値動きの関連性、そうした関連性において現在の値動きがどう位置付けられるか、そして、その延長として将来の値動きがどう想定できるかということを分析できるフレームワークだからだ。

エリオット波動のトレード機会

　図1.7のチャートは、上昇相場と下落相場におけるトレードのエントリーチャンスを示したものだ。いずれにおいても、(2)波、(4)波、(5)

波、(B)波は、エリオット波動原理に基づく、おもな４つのトレード機会、つまり、ひと回り大きなトレンドに参加する機会を与えてくれる。このようなトレンドに乗るトレードにおいて、トレーダーは上昇トレンドの中の押し目で買うか、下落場面の一時的反発場面で売るということになる。

修正波でトレードするべき時

修正波は、とても複雑な値動きをしやすいため、望ましいトレード機会を与えてはくれない。インパルスはトレンドがはっきりしていて一般的に大きく動く習性があるが、それに対して修正波は上下に揺れ動きながら、ジグザグ、フラット、拡大型フラット、トライアングル、ダブルジグザグ、複合修正波など、さまざまな形にゆっくりと展開する習性がある。一般的に修正波の動きは横ばいで、不規則で、時間ばかり消費し、人を欺くような動きになることも多い。そのため修正波の中でトレードするのは精神的にも疲れることから、成功確率も低くなる。

このように、修正波そのものはよいトレード機会を与えてくれないと思われるものの、修正波でトレードしたいと思うこともある。それは修正波の持続期間による。たとえば、原油の15分足チャートで５波動構成の上昇とカウントする動きにおいて、２波や４波はそれ自体が有効なトレード機会になるとは思えない。その代わり２波や４波の終了を待ってエントリーするのがよいと思われる。しかし、１波のインパルスや３波のインパルスが数週間、あるいは数カ月もかかって形成された状況では、それらに続く２波や４波は何週間もかかって形成される可能性が高く、その場合にはこれらの波動の中でも短期トレードの機会が多く得られる。

23

波形ごとのトレードのガイドライン

　説明に入る前に、私が最も重視している分析とトレードのルールについて述べておく。それは「市場に働きかける前に、市場が働きかけてくるのを待とう」というものだ。つまり、市場の値動きを勝手に先取りして解釈するのではなく、市場がトレンドの転換を確認できるような値動きを示すまで静観せよということだ。車のウィンカーの合図だけを信じて、近付いてくる車が本当に曲がるのかどうかを確認せずにその車の前に出ていってしまうのが賢くないように、値動きによってトレンド転換したことを確認せずにトレードをするのも賢いことではない。

　次のガイドラインはこの考え方を具現化したものであり、トレーダーに2つのメリットを提供する。メリットの1つ目は、トレンド転換を確認する値動きを待つことでトレードの回数を減らせること。トレーダーが犯す大きな間違いのひとつはトレードのしすぎである。2つ目は、トレンド転換を確認する値動きを待つことで成功確率の高いトレード機会に注意を集中させられる、というものだ。もし、あるマーケットが天井を付けたと考えられる

> トレンド転換を確認する値動きを
> 待つことで、証拠に基づく手法を
> 利用して成功確率の高いトレード
> 機会に注意を集中させられる。

時に、それにふさわしい値動きが伴っていることを確認できれば、そのトレードは上手くいく可能性が高くなる。

インパルス（Impulse Waves）

　インパルスが完成した時は、いつもそれに対する修正の深さに関する次のガイドラインを当てはめて考えることができる。

図1.8 インパルス

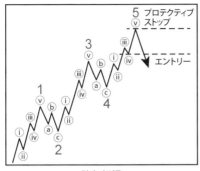
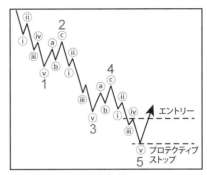

強気相場　　　　　　　　　　　弱気相場

　修正波は、とりわけそれが４波の場合には、その最大の戻りはひとつ下の階層の前の４波が動いた範囲となる傾向がある。とりわけ、４波の終点近辺まで修正するのが最も普通である

——プレクター＆フロスト『エリオット波動入門』

　このガイドラインは複雑に感じられるかもしれないが、実際のトレードで使うのは難しいことではない。このテクニックを使ったトレードは技術的には、**図1.8**のように４波終点まで戻る動きを狙って５波の⑭波の終点を下回ったところでショートポジションにエントリーする、というものだ。このようにトレードすることは、天井狙いを避け、直前の波動の安値を下回ることをインパルスが本当に終了した最初の証拠と考える。そして、最初のプロテクティブストップをこの(ⅴ)波動の終点に置く。

エンディングダイアゴナル（Ending Diagonal）

　ダイアゴナルには、リーディングダイアゴナルとエンディングダイ

図1.9　エンディングダイアゴナル

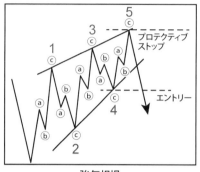

強気相場　　　　　　　　　弱気相場

アゴナルの２種類あるが（250ページ参照）、このうちエンディングダイアゴナルはエントリーするポイントとして注目される。エンディングダイアゴナルでトレードする際のエントリーと最初のプロテクティブストップは、インパルスのケースと似ている。つまり、**図1.9**のように４波の終点を突破してからエントリーするのだ。そして、そのエンディングダイアゴナルの終点とカウントしたラインにプロテクティブストップを置く。

　これらのエントリーの戦略は、「構えて、狙って、撃て！」ならぬ、「構えて、狙って、狙って、狙って、撃て！」トレードとでも言えるような保守的なものだ。より攻撃的なトレードのアプローチ方法としては、２波終点と４波終点を結んだトレンドラインを超えたところでエントリーするという考え方がある。この場合、最初のプロテクティブストップは先ほどと同じくダイアゴナルの終点とカウントしたポイントとなる（**図1.10**）。

　さらに攻撃的なトレード戦略について考えてみよう。たいていの場合、エンディングダイアゴナルの３波は１波よりも短い波になるが、この場合には５波は３波よりも長くないはずだ、というのがルールだ。な

図1.10 エンディングダイアゴナル

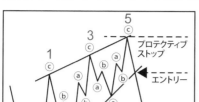

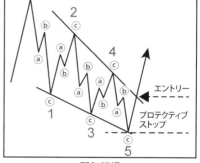

強気相場　　　　　　　　　　　弱気相場

ぜならば、エンディングダイアゴナルにおいても、3波は1波、3波、5波の中で最も小さくなることは決してないだろう、と考えられるからである。それゆえに、5波が形成されはじめてからポジションを取ればよい、という考え方ができる。この攻撃的な戦略における損切りラインは、5波が3波よりも大きくなる水準ということでよいだろう。その水準こそ、その波形がエンディングダイアゴナルであるという想定が破たんしたであろうと言えるポイントだからだ。

ジグザグ（Zigzag）

ジグザグにおけるトレードのエントリーには2つのガイドラインがある。1つ目は、**図1.11**のように、C波の副次波ⅳ波の終点がA波の終点を上回っている（左図の場合。右図は下回っている）という条件で、そのポイントを突破したところでエントリーするというもの。

2つ目は、**図1.12**のようにB波終点を突破してからエントリーするというもので、この場合の最初のプロテクティブストップはC波終点だ。この保守的な手法は十分な確証がないままに天底狙いのトレード

図1.11 ジグザグ

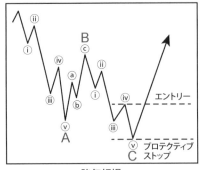
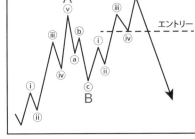

強気相場　　　　　　　　　　弱気相場

図1.12 ジグザグ

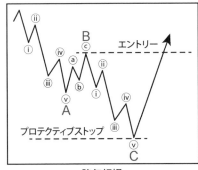
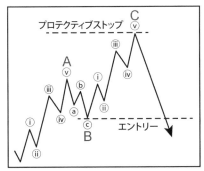

強気相場　　　　　　　　　　弱気相場

をしてしまうリスクを避けることにつながる。

　トレーダーはこうしたガイドラインを採用したり、ガイドラインに基づいて自身のトレードスタイルを改良するのが理想的である。実際には、ジグザグでさらに保守的なトレードをするなら、もう少しだけ待って、C波終了後に始まったと想定される5波動構成の推進波がB波終点を突破して、さらにそれに修正波が続く動きを確認してからトレードするとよいだろう。

28

図1.13 フラット

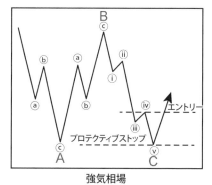
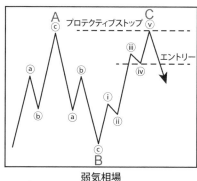

強気相場　　　　　　　　　　弱気相場

フラット（Flat）

　フラットの最後の副次波であるC波は5波動であるため、お勧めできるエントリーのしかたはインパルスのケースと似ている。つまり、**図1.13**のようにCの⒤の終点を突破するまで待ってからエントリーするということになる。C波が5波動であるという点はジグザグも同じだが、エントリーのしかたは異なる。たとえば上昇トレンドの中のジグザグでは、Cの⒤波の終点はA波の終点を下回ることが多く、上昇相場のフラットにおいては、Cの⒤波の終点はA波の終点を上回っていることが多いからだ。

トライアングル（Triangle）

　最後のガイドラインはトライアングルにおけるトレードに関するものだ。**図1.14**のとおり、トライアングルは横ばいの値動きだが、典型的には高値を結ぶトレンドラインと安値を結ぶトレンドラインが収縮する形になり、副次波はA波、B波、C波、D波、E波の5波である。

図1.14　トライアングル

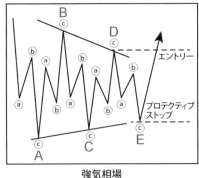

　この波形でのトレードのガイドラインとしては、D波の終点を突破したところでエントリーし、最初のプロテクティブストップはE波終点に置く。私としては、これ以上攻撃的なトレード戦略はお勧めしない。トライアングルというのは時々トレーダーを欺くような値動きをするからだ——トライアングルは4波、B波、X波の位置に現れるが上昇トレンドの4波のように見えて、実は下降トレンドのB波だったということがある。たとえば、4波の位置においてトライアングルの形が形成されても、それは4波の副次波B波である可能性もある。この場合、トライアングル完了後の値動きは真逆になる（第3章を参照）。
　攻撃的なトレードを好む人は、D波終点を突破するよりもだいぶ早くにエントリーしがちだ。たとえば、E波終点がA波終点とC波終点を結んだライン上になると想定して、そこでエントリーする。このようなトレード戦略を取るなら、最初のプロテクティブストップはC波終点ではなく、A波終点に置くことをお勧めする。個別株など流動性の薄い取引対象の場合、日中の値動きでC波終点を超えたり割り込んでしまったりするのは珍しいことではないからだ。

リスク管理とトレードの心理学——成功に必須なのに軽視されている要因

　成功するトレーダーになるための必須要件ながらも、リスク管理とトレードの心理学は十分に認識されていない。

　トレーダーとして成功し、長く生き残るためにきわめて重要なのがリスク管理だ。ここでは、そのポイントとなるリスク・リウォード・レシオとトレードサイズの問題について簡単に述べていく。

> トレードの心理学は成功するトレーダーになるためのキーとなるポイントだ。

リスク・リウォード・レシオ

　リスク・リウォードとは、あるトレードにおけるリスクとリウォード（期待される収益）を定量化して比較したものである。たとえば、XYZ株が51ドルになることを期待して50ドルで買ったとすると、リウォードは1ドルということになる。このトレードにおけるプロテクティブストップを49ドルに置いたとすると、リスク・リウォード・レシオは1対1である。つまり、1ドルの利益を求めて1ドルのリスクを取ったということになる。このケースで、プロテクティブストップを49.90ドルのところに置いたら、リスク・リウォード・レシオは10対1ということになる。

> **リスク・リウォード・レシオ**はそのトレードにおけるリスクと期待できる収益を比較するために使う比率だ。マーケット関係者の慣例に従って、リスク・リウォード・レシオはリスクに対する収益の割合として表す。

　<u>NOTE</u>　リスク・リウォード・レシオというものの、このレシオは慣習的にリウォードを先に、リスクをあとに表記することになってい

31

る。ゆえに上の例では、リスクが1でリウォードが10だが、リスク・リウォード・レシオは1対10ではなく10対1と記している。3対1のリスク・リウォード・レシオならば、リウォードがリスクの3倍なので、望ましいトレードということになる。以上のことから、本来なら"リウォード・リスク・レシオ"と呼ぶべきなのかもしれない。

　高いリスク・リウォード・レシオは、高い収益見通しを得るために望ましい状態である。たとえば、勝率が70％で、リスク・リウォード・レシオが1対1だとしよう。この場合、10回のうち7回のトレードで1ドルの利益、3回のトレードで1ドルの損失となる。結局、トータルで4ドルの利益ということになる。では、リスク・リウォード・レシオを1対1から3対1に上げることで、勝率が70％から40％に下がったとするとどうなるか？──10回のうち4回勝つことによる利益の合計は12ドルとなり、そこから1ドルの負け6回分、合計6ドルの損失を差し引くと、最終的に6ドルの利益となる。

　この事例の収益の差は、リスク・リウォード・レシオがいかに重要であるかを示している──勝率の見込みを70％から約半分（40％）にしてリスク・リウォード・レシオを上げることで、収益見通しを50％も増加させることができるのだ。トレードで稼ぐために必要なのはトレンドを正しく見極めることだけだという考えは完全に間違っている。

上の例から分かるように、高いリスク・リウォード・レシオを保てば勝率がわずか40％でも成功できるわけで、トレーダーはリスク・リウォード・レシオを軽視すべきではない。

> リスク・リウォード・レシオが3対1よりも低い場合にはトレードを避けたほうがよい。

トレードサイズ

では、トレードのポジションサイズはどのくらいの大きさにしたらよいのか？ ひとつのトレードにおけるリスクは、投資資金全体の1～3％までに抑え、この範囲を決して超えるべきではない。個人のトレーダーは、この小さな比率を受け入れるのをためらう傾向にあるが、プロのトレーダーたちはこれを遵守している。つまり、ひとつのトレードのリスクを1％とする場合、トレード口座の資金が5000ドルなら、各ポジションのリスクは50ドルに抑える必要がある。口座に1万ドルあるならば、投資対象1単位当たり50ドルのリスクがあるもの2単位に投資するか、1単位当たり100ドルのリスクがあるもの1単位に投資するか、ということだ。この基準から考えると、多くのトレーダーは自分の資金量に対して大きなリスクを取りすぎて失敗していると言える。

資金量が小さいのなら、トレードの単位数を少なくしたり、e-mini（少ない単位で取り引きできる先物）でトレードしたり、少額で買える株をトレードするなど、資金量に見合った金額でトレードすることで失敗のリスクを解消するとよい。結局のところ、着実に成功するトレーダーになるためには生き残ることが重要、ということに気付く必要がある。何らかのポジションに関してそのリスクが総資産に比べて小さいなら、失敗しても致命傷にならずに切り抜けることができるはずだ。反対に、総資産の25％ものリスクを取るようなトレードを続ける場合、4回連続で失敗したら破産することになる。

トレードの心理学

トレーダーとして成功するためにリスク管理は必須だが、そのカギは心理学――各自の心理状態――にあると私は考えている。具体的に

は、方法論の欠如、規律の欠如、非現実的な期待、忍耐力の欠如など、トレーダーとしての成功を阻む心理学的要因は数多い。それらについて個々に検証していこう。年季の入ったプロのトレーダーであれ、これから口座を開こうとしている初心者であれ、トレーダーとして成功するには自分自身の性格がトレードにどのように影響するかを理解することが必要である。

方法論の欠如

着実に成功するトレーダーになることを目指すなら、トレードに関する明確な方法論——マーケットと向き合うためのシンプルかつ明確なもの——が必須だ。

> トレーダーとして成功するためには、方法論とその方法論に従う規律が必要だ。

実際、自分なりの方法論を持つというのはとても重要なことで、EWIの創設者、ロバート・プレクターも著作『What a Trader Really Needs To Be Successful（トレーダーが真に成功するために必要なこと）』の冒頭でこれについて言及している。勘を頼りにしたトレードは長くは続かない。確固たる方法論がなければ、売買シグナルがどのように出るかが明確に分からず、着実な成功は得られない。

この問題を克服するにはどうしたらよいのか？——自分の方法論を書き出してみることだ。そうすることで自分自身の分析ツールが何か、さらに重要なこととしてその分析ツールを自分がどのように使うか、ということをはっきりさせておこう。その際、エリオット波動原理を使うか、ポイント・アンド・フィギュア・チャートを使うか、ストキャスティクスを使うか、RSIを使うか、それらを併用するか、というようなことはさほど重要ではない。重要なのはどのようなルールでエントリーし、トレーリングストップを置き、ポジションを閉じるか、という方法論を明確にすることだ。ここでひとつアドバイスをしておく

—— 自分の方法論をインデックスカード（76.2×127mm）にまとめてみよう。もし、この程度のスペースに収まらなければ、おそらくその方法論は複雑すぎる、ということだ。

規律の欠如

自分なりのトレードの方法論を明確にしたら、次はそれに従ってトレードを実行する規律を持つことが必要になる。熱心なトレーダーが破産する原因として2番目に多いのが規律の欠如だ。チャートの見方やトレード環境を判断する際の方法が1カ月前と現在とで異なっているならば、それは、自分自身の方法論がはっきりしていないか、自分の方法論に従う規律を欠いているかのどちらかだ。成功の公式は、証明されたひとつの方法論を一貫して使いつづけることである。

非現実的な期待

「天然ガスへの5000ドルの投資が4万ドルを超えるリターンをあなたにもたらします」というような宣伝文句ほど私が腹立たしく思うものはない。このような宣伝は金融業界全体にとって害悪であり、知識のない投資家たちに5000ドルよりはるかに大きな損失を負わせることになる。そうした宣伝は投資家に非現実的な期待感を抱かせ、健全な投資家心理を破壊することにつながる。

たしかに、トレードで平均以上の収益を得ることは可能だろう。しかし、そのためには平均以上のリスクを取らなければならない。では、トレーダーとして最初の年に狙うことができる現実的なリターンはどのくらいなのか——50％、100％、200％？　い

> 現実的な期待値で始めよう。1年目のトレーダーの目標は「損をしない」ことにするのがよい。つまり、最初の年の目標として妥当なのは収益率0％だ。

やいや、それはあまりにも非現実的な期待だ。トレーダーとしての1年目は損をしないことを目標にするべきである。つまり、最初の年の目標とするべきリターンは0％ということだ。何とかその目標を達成できたら、2年目はＮＹダウやS&P500などの株価指数に勝つことを目指そう。冴えない目標と思われるかもしれないが、これこそ現実的と言えるものだ。

忍耐力の欠如

　4つ目の心理的な落とし穴であり、経験豊富なトレーダーたちも陥りがちなのが忍耐力の欠如だ。エドワーズ、マギー、バセッティの著書『マーケットのテクニカル百科』（パンローリング）によれば、マーケットにトレンドが生じるのは全期間の3割程度にすぎないという。要するに、全体の7割もの期間では金融市場にはトレンドが生じないということである。

　どんな期間を取っても本当によいトレードチャンスは少ない割合しかない、というのが私の意見だ。たとえば、長期トレーダーにとってよいトレード機会は年間2～3回くらいしかないのが普通だし、短期トレーダーにとっては1週間でやはり2～3回程度しかないと思われる。金融市場にトレンドが生じている期間がこれだけ少ないということは、この私の意見を裏付けていると言えるだろう。

　トレードは本来エキサイティングなもの —— そもそもお金に関する事柄というのはエキサイティングだ —— なので、だいたいの場合はトレードをしていないと物足りなさを感じてしまう。その結果、あまり有利な条件がそろっていないにもかかわらずトレードを始めてしまい、トレードしすぎの状態に陥ることになる。

　こういった忍耐力の欠如を克服するにはどうしたらよいのか？　そんな時は、「週ごとに"今年最高のトレード機会"がやってくる」こと

を思い出そう。つまり、本日の収益機会を逃しても心配することはない。なぜなら、明日、あるいは翌週、翌月にも同様の機会が到来するからだ。それは私が保証する。

[第1章　ジェフリー・ケネディ]

確認テスト

次の文章は○か×か？

1．分析とトレードに使う技術は同じである。

2．波動分析ではインパルスの方向に基づいてトレンドの方向を判定する。

3．波動分析によって、「ここを超えたら（割れたら）その分析が無効になる」というポイントを知ることができて、その時点で「どこで間違えたのか」を再検討することができる。

4．2波は1波を100％以上リトレースすることがある。

5．完成したエリオット波動のサイクルは9つの波動で構成される。

6．2波と4波は、始点から終点までの動きにおいて信頼性の高いトレード機会を与えてくれる。

7．エンディングダイアゴナルにおける攻撃的なトレード戦略は、「4波終点を超える動きを待ってエントリーする」ことである。

8．価格の動きをしっかり確認したければ、マーケットに働きかける前にマーケットがこちらに転換を確認するような値動きを示してくるのを待つべきだ。

9．ジグザグのトレードのエントリーのガイドラインは、「B波終点を超える動きを待ってエントリーする」である。

10．リスク・リウォード・レシオは1対1が理想だ。

答え：1．×　2．○　3．○　4．×　5．×　6．×　7．×　8．○　9．○　10．×

トレード事例集

Trading Examples

PART

II

第2章

次のインパルスを狙うための
ジグザグ、フラットでのトレード戦略

How Zigzags and Flats Set Up a Trade for the Next Impulse Wave

トレードで成功するためには、チャート分析、トレード戦略づくり、リスク管理という3つの手順が必要だ。

ジグザグでのトレード──キャタピラーの事例

有利なトレードの条件を整えているとはどういう状況なのかを理解するために、キャタピラー（CAT）の事例でトレードの3つの手順を検討してみよう。

1. チャート分析

トレードする状況として、2011年4月、5月からのキャタピラー株の値動きの事例ほど明快なものはほかにない。**図2.1**を見ると、株価が116.55から108.39まで5波動で下落している。このパターンはとても重要だ。なぜなら、この5波動構成であるインパルスというパターンはひと回り大きなトレンドの方向性を明らかにしてくれるからだ。さらに、この5波動による下落は、「このあと、さらにキャタピラー株が下落して安値108.39を下回るであろう」

> インパルスに着目すれば、ひと回り大きなトレンドの方向が分かる。

41

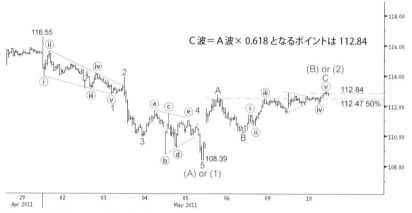

図2.1 キャタピラー社 (15分足)

Chart reprinted with permission from Bloomberg. Copyright 2013 Bloomberg. L.P. All rights reserved.

という可能性を示唆している。そして、その下落は(C)波か(3)波のどちらかということになる。

　実際にその動きに続いて、3波構成の上昇波動と想定できる波が起きた。反トレンド波は基本的に3波構成なので、3波動構成の上向きの波が発生したということになれば、大きなトレンドはまだ下向きであることを示しており、それに続いて下落波動が起きることを想定させてくれる。付け加えると、キャタピラー株のこの3波動と想定される上昇波は、112.47まで上昇したことによってその直前の値下がりを50％リトレースしたことになる。50％というのは、修正波のリトレースメントの一般的な率だ。また、この112.47という水準は、Ｃ波がＡ波の0.618倍になる価格水準である112.84にも近い。Ａ波とＣ波のより一般的な比率は1倍だが、この0.618倍というのもＡ波に対するＣ波の有力なメドとなるフィボナッチ比率だ。

108.39からの上昇波はこの時点では想定のひとつでありここから5波動に発展していく可

> 反トレンド波は基本的に3波動である。

能性もあるし、その場合には柔軟に想定を変える必要がある。しかし、以上の根拠から、この上昇波動は 3 波動として112.84で完了したというのが有力な想定と思われる。

　ここで唯一の疑問は、108.39からの上昇波を(B)波とするべきか(2)波とするべきか、という点だが、短期トレードの観点からはこの問いはあまり意味がない。どちらにしても、トレードのターゲットプライスは108.39を下回る水準になるからだ。この修正波による上昇波についての最後の注目点は、Ｃ波の傾きがＡ波より緩やかだという点だ。Ｃ波が傾きの緩やかな波となるのは、トレンドと反対方向の動きのモメンタムが低下していることを表し、大きなトレンド（この場合下向きのトレンド）が再スタートする前兆となる。このようにジグザグのＣ波の傾きが緩やかになるというのはごく一般的であり、このジグザグというパターンであることの条件であると言えるほどだ。

> **ジグザグ**はシンプルな 3 波動構成の修正波であり、5 波動構成のＡ波、3 波動構成のＢ波、5 波動構成のＣ波で構成される。

　以上のように最も基本的なエリオット波動分析をこのキャタピラー株のチャートに適用すると、5 波動の下落と 3 波動の上昇にフィボナッチ比率を適用することができて、112.47～112.84のゾーンを抵抗帯と見ることができる。これは株価が直近の価格から下落に転じて108.39を下回る水準まで値下がりする可能性がきわめて強いことを意味している。では、この分析結果をどのように収益に結び付けたらよいのか？

２．トレードプランの策定

　図2.2の状況で、私はオプションでトレードすることにした。具体的には、2011年 5 月10日に110プット（行使価格110のプット）を86セ

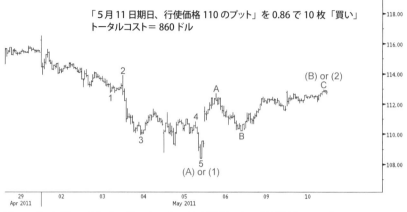

Chart reprinted with permission from Bloomberg. Copyright 2013 Bloomberg. L.P. All rights reserved.

ント買った。このオプションは2011年5月20日が行使期限で、わずか8営業日しか残されていなかった。このように残存期間が短いオプションのトレードはきわめてリスクが高いので、経験豊富でリスクを十分に認識したトレーダー以外は手を出すべきではない。

　このキャタピラー株の最初の下落、つまり116.55から108.39への下落の期間は4日間だったので、このトレードの時間的な側面について私はこう考えた——もし次の下落が(3)波であるなら、それよりも短期間でより大きく下落するのではないかと想定できる。一方、もし、次の下落が(C)波ならば、その下落は前の下落より浅いものとなり、時間も4日間より長いのではないかと想定できる。(C)波として最初の下落の2倍の時間がかかったとしても、オプションの行使期限内に(C)波は(A)波と同じ大きさとなる104.81近辺まで下落することが想定される。

　オプションは時間的価値が日々減じていくので、長い期間をかけて大きく下げるような値動きを狙ったトレードはオプションでは行わないほうがよい、ということを改めて強調しておく。行使期限がわずか

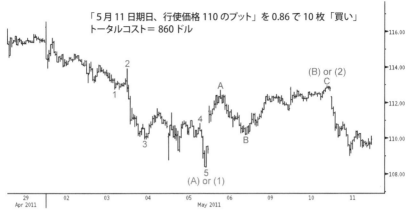

図2.3

Chart reprinted with permission from Bloomberg. Copyright 2013 Bloomberg. L.P. All rights reserved.

なオプションを使ったこのトレードアイデアは、あくまでも2011年5月安値108.39を3日から5日という短期間で下回る動きを狙ったものなのだ。

3．トレードの管理

　このような分析を経てエントリーした翌日、キャタピラー株は急落し、その結果オプション価格は大きく上昇した（**図2.3**）。振り返ると、急落した翌日にはポジションのすべてか少なくとも一部はエグジットするというのが思慮深い行動だったのかもしれない。しかし、最初の分析で108.39を下回るのではないかという結論に至ったので、ポジションを維持することにした。

　その後の数日間、キャタピラー株は下落しつづけ、結局、2011年5月13日の金曜日になってポジションを清算した。オプション1枚当たり0.86ドルで買って3.75ドルで売却し、336.05％のリターンを得るとい

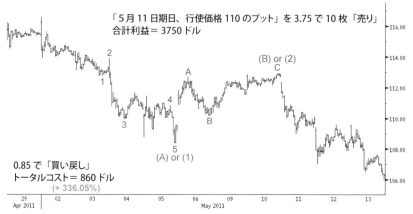

図2.4 キャタピラー社(15分足)

う結果になった(**図2.4**)。

　このトレードの利益率は興奮するような結果だが、さらに興味深いのはトレードのきっかけだ。このトレードは、インパルス波とジグザグのパターンを認識することを最初の手掛かりにして行った。このように値動きのパターンを認識したあとに、フィボナッチ比率に関する知識を使い、修正の動きが高い確率で反転すると考えられる水準のゾーンを探った。トレードの成功方程式の最後のステップは、こうした分析から得られた情報を何倍にも生かして利益を得るために適切なトレード法を決めることだ。われわれが選択したのはオプショントレードだった。

拡大型フラットにおけるトレード――テクネコーポレーションの事例

　トレードの機会を探す時に、私はいつもシンプルな自問から始める。

Chart reprinted with permission from Bloomberg. Copyright 2013 Bloomberg. L.P. All rights reserved.

「これは私が知っている波形なのか」。答えがイエスなら、株価チャートを少し掘り下げて調べてみよう。答えがノーなら、速やかに別のチャンスを探そう。

> まずは「これは私が知っている波形なのか」と自分に問いかけてみよう。

１．チャート分析

　2012年３月に、私は図2.5のテクネコーポレーション（TECH）の株価チャートにおいて、拡大型フラットを形成中と思われるパターンを見つけた。具体的に私の目を引いたのは68.84から71.00への３波動の上昇の動きと、それに続く67.69への３波動の下落の動きだった。
　この連続する上下動はとても重要だ。なぜなら、それに該当するエリオット波動の波形としては、拡大型フラットかランニングトライアングルのどちらかの想定が有力となるからだ（ただし、拡大型トライアングルやダブルスリーの可能性にも留意しておこう）。それに続いて

47

起きていた上昇の動きもすでに４波動まで確認できて、インパルスの完成まであと少しの状態だったことを考えると、その進行中の値動きは拡大型フラットである可能性がかなり高いと判断できるところだ。

２．トレードプランの策定

TECH株が拡大型フラット形成中であるという仮説に基づいてトレードすることを前提に、**図2.6**のように、(iv)波の終点である69.28を下回る動きを確認して100株を売るというトレードプランを考えた。第１章で述べたように、フラットにおけるエントリーのガイドラインは、

「Ｃ波の副次波の４波の終点を超えたところ（あるいは割り込んだところ）でエントリーせよ」というものだ。この保守的な方法は、天井や底値を捉えようとトレードすることを防いでくれる。

> **拡大型フラット**はシンプルな３波動構成の修正波であり、３波動構成のＡ波、３波動構成のＢ波、５波動構成のＣ波から構成され、Ｂ波の終点はＡ波の始点を超える。

この最初の分析から数日以内に、TECH株は70.78まで上昇した（**図2.7**）。前の高値である(iii)波の終点は70.80だが、これによって(v)波がわずかにトランケーションになっている。通常は新値を取るべき波動の終点が新値取りに失敗することをエリオット波動分析ではトランケーションという。たとえば、５波は通常は３波の終点を超えて終わるが、５波が３波終点を超えられずに終わる場合はトランケーションということになる。たとえば、ある波動がトランケーションになる時、それは潜在的な売りや買いの圧力があることを意味する。このケースでは(v)波がトランケーションで終わり売り圧力の強さが確認できたように思われたが、注文は「69.28の逆指値で100株売る」のままとした。

TECH株が70.78でいったんピークを付けてから、株価は横ばいの動きになった（**図2.8**）。こうした横ばいの値動きは、(v)波がトランケー

第2章　次のインパルスを狙うためのジグザグ、フラットでのトレード戦略

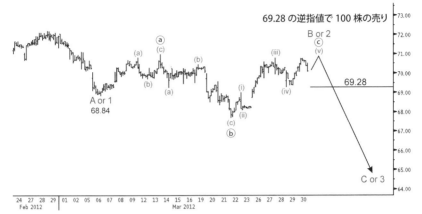

Chart reprinted with permission from Bloomberg. Copyright 2013 Bloomberg. L.P. All rights reserved.

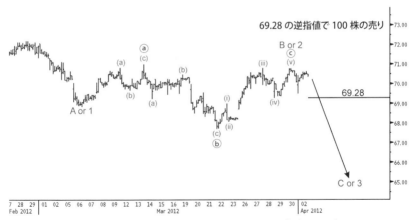

Chart reprinted with permission from Bloomberg. Copyright 2013 Bloomberg. L.P. All rights reserved.

ションで終わったのではなく、(iv)波がトライアングルを形成しながら継続中である可能性を示唆するものだった。トライアングルは、単独の形としては４波かＢ波かＸ波の位置にしか出現しない。これは、ト

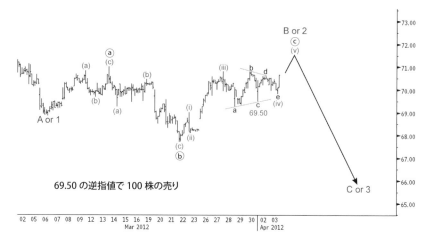

図2.8　テクネコーポレーション（60分足）

Chart reprinted with permission from Bloomberg. Copyright 2013 Bloomberg. L.P. All rights reserved.

ライアングルはいつも一連の副次波の中の最後の波の１つ前に出現するということを意味する。私はこの波は拡大型フラットを形成中だと想定していたので、この位置で小さなトライアングルの形を確認することは意義深いものだった。ここで、売り注文の逆指値を69.28から、(iv)波のｃ波の終点である69.50に引き上げるべきだと判断した。

　しかし、**図2.9**を見ると分かるように、それに続く動きはこのプランどおりにはならなかった。これはもはやトイアングルには見えないし、70.78の高値をトランケーションとした５波の終点とするカウントのほうがやはり正しいように見えてきた。69.50での新規の売り注文は2012年４月４日に執行され、最初のプロテクティブストップは70.66に置いた。なぜかというと、それはⓘ波の終点と想定したポイントだからだ。インパルスの３つの主要なルールのうちのひとつは、「２波は１波を100％以上リトレースしない」というものだ。したがって、ここでの想定が正しいなら、ⓘ波の副次波の(i)波はⓘ波終点（＝ⓘ波の(i)波

50

第2章　次のインパルスを狙うためのジグザグ、フラットでのトレード戦略

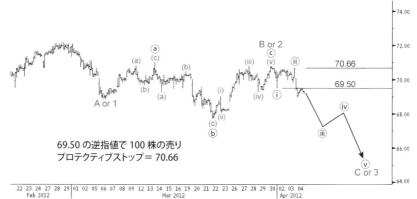

図2.9　テクネコーポレーション（60分足）

Chart reprinted with permission from Bloomberg. Copyright 2013 Bloomberg. L.P. All rights reserved.

図2.10　テクネコーポレーション（60分足）

Chart reprinted with permission from Bloomberg. Copyright 2013 Bloomberg. L.P. All rights reserved.

の始点）、つまり70.66の水準を超えないはずだ。

　以上のような戦略でエントリーしたあと、TECH株は着実に下落していった（**図2.10**）。さらに、4月9日にはギャップダウンが起こっ

51

た。ギャップダウンとは、前日の安値よりも低い位置からスタートして、チャート的に窓があくような下落になることだ。エリオット波動の見地からすれば、こうした値動きのギャップは3波で――特に3波の副次波の3波で――よく起こる。なぜなら、3波の3波というのは短期間で大きく動く習性がある波動だからだ。従来のテクニカル分析では、こうしたギャップのことをアクセラレーションギャップと呼んでいる。

3．トレードの管理

4月10日、エントリー価格よりもある程度低い69.50になったので、プロテクティブストップを損益トントンになる69.50まで下げるのによいタイミングと考えられた。トレーダーにとってはトレードそのものだけでなく、リスク管理に注力するのも重要なことだ。リスク管理の3つのステップは、リスクを減らす、リスクを取り除く、利益を確保する、である。

図2.11のとおり、TECH株はいちだんと下落していった。4月9日に起きたギャップダウンは、その深さから考えてアクセラレーションギャップというよりもブレイクアウェーギャップではないかと思われるものだった。伝統的にテクニカル分析では、ギャップを、ブレイクアウェーギャップ、アクセラレーションギャップ（ランナウェーギャップ）、エグゾーションギャップの3種類に分けて定義している。エリオット波動の観点からは、ブレイクアウェーギャップは1波の3波で、アクセラレーションギャップは3波の3波で、エグゾーションギャップは5波の3波で起こるものと考えられる。

> トレードにおけるリスク管理は、1.リスクを減らす、2.リスクをゼロにする、3.利益を守る、の3段階である。

こうした動きを受けて、プロテクティブストップをさらに69.03まで

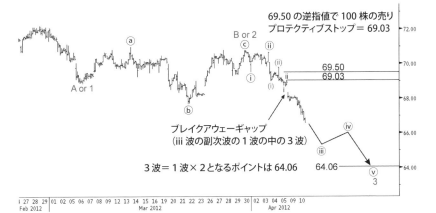

図2.11　テクネコーポレーション（60分足）

Chart reprinted with permission from Bloomberg. Copyright 2013 Bloomberg. L.P. All rights reserved.

下げることができた。この価格水準は、ⅱ波の終点と想定される水準だ。プロテクティブストップを引き下げたことによって利益が少し確保される見込みとなった。また、このプロテクティブストップは時価からは十分に離れていたので、「一時的な株価のブレによってストップに引っかかり十分に利益が取れなくなる」という可能性は低いと考えられた。

●リスク管理について──この事例によって、リスクを減らすこと、リスクを取り除くこと、利益を確保すること、というリスク管理の３つの原則を追うことができた。最初にポジションを取った時に置いたストップは70.66だったが、株価が下落するにしたがい、収支トントンのラインの69.50、そこから利益が確保できる69.03、さらには68.15、というようにだんだんと下げていった（**図2.12**）。

●プロテクティブストップの置き方のアドバイス──TECH株の事例

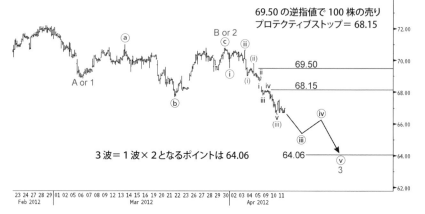

Chart reprinted with permission from Bloomberg. Copyright 2013 Bloomberg. L.P. All rights reserved.

| インパルスの下落波動が展開している時、直前の上昇波の高値がプロテクティブストップのポイントとして適している。エリオット波動の観点から言うと、これらの終点は2波や4波の終点と考えられる。 |

で見たようにインパルスの下落波動が展開している時、直前の上昇波の高値がプロテクティブストップのポイントとして適している。エリオット波動の観点から言うと、これらの終点は2波や4波の終点と考えられる。この事例では、プロテクティブストップをさらに67.85へと下げたが、この水準は小さな4波の終点だ（**図2.13**）。

66.60から67.85までの小さな3波動構成の上昇は明らかに4波だが、ここで唯一の疑問は、その階層が何かということだ。**図2.13**のように、私はこの上昇波を⑩の副次波の(iv)波と判断した。その代わりに、(iii)波をひと回り大きな階層の⑩波とカウントし、4波目をひと回り大きな⑩波とカウントすることもできた。どちらにせよ、66.60を下回る動きがあれば、それは何らかの5波目であろうということに変わりはない。おそらく、⑩波の(v)波か、3波の⑩波ということになるが、そのこと

第2章　次のインパルスを狙うためのジグザグ、フラットでのトレード戦略

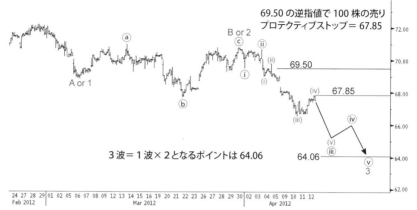

図2.13　テクネコーポレーション（60分足）

Chart reprinted with permission from Bloomberg. Copyright 2013 Bloomberg. L.P. All rights reserved.

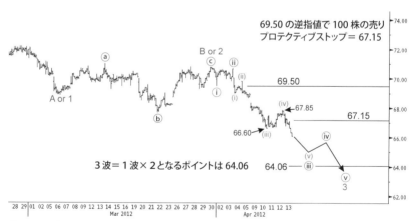

図2.14　テクネコーポレーション（60分足）

Chart reprinted with permission from Bloomberg. Copyright 2013 Bloomberg. L.P. All rights reserved.

はたいした問題ではない。下落は何らかの階層の5波であり、「下落ももうすぐ終わり、新たな上昇波動が始まりそうだ」ということを意味する。そこで、私はこのポジションのプロテクティブストップをもう

55

図2.15　テクネコーポレーション（60分足）

Chart reprinted with permission from Bloomberg. Copyright 2013 Bloomberg. L.P. All rights reserved.

ひとつ下にある高値67.15へと下げた（**図2.14**）。

　4月13日に67.15のプロテクティブストップに価格がヒットした（**図2.15**）。その後、TECH株は65.00を下回るまで下がり、その後に大きく反転した。この事例の利益は235.00、率にして3.38％のリターンとなった。目を見張るようなトレードという感じではないが、7日間で3.38％なので十分収益性が高いトレードだったと言えるだろう。

　TECH株の2012年4月の下落について、C波なのか3波なのか、自信を持って決めることができなかったことを思い出してほしい。結局、この疑問に答える必要がないまま、チャートを使ったトレードを終了することができた。

　このトレードは全般的にエリオット波動原理の美しさを示してくれているし、前述のシンプルな問いかけ――「これは私が知っている波形なのか」――が持つ驚くべきパワーも実感させてくれる。この事例で、私は問いかけに対してイエスと答えることができたので、最終的に高い収益をもたらしたトレードプランを策定することができたのだ。

もっと早くポジションを取ったり、65.00以下になるのを待ってから利食いをしたら、よりよいトレードができたのだろうか？　また、私はプロテクティブストップを正しく動かしたと言えるのだろうか、それとも攻撃的すぎたり保守的すぎたりしたのだろうか。それに対する私の答えは変わらずシンプルだ。トレードには正しい方法も間違った方法もない——私なりの方法があるだけなのだ。結局、このポジションはプロテクティブストップを収支トントンの水準に上げるまでのたった2日だけリスクにさらされただけで、最終的に高い収益性を実現するものとなった。

この例では、拡大型フラットと想定していた波動は結局ランニングフラットになった。しかし、トレード戦略としては同様に考えればよい。

ダブルジグザグにおけるトレード——オーストラリアドルの事例

株価や、この項で扱う通貨において大きなトレンドを探すことは、比較的長期的なトレードを、自信を持って行うためには確実性の高い方法だ。**図2.16**のオーストラリアドルの事例を見てみよう。

1．チャート分析

2008年4月初旬の時点では、オーストラリアドルの2月高値から3月安値までの下落が3波動であることがはっきりと分かった（**図2.16**）。さらに詳しく見ると、この下落波動の中のそれぞれの波動は、より小さな3つの波動に分かれている。したがって、この波動の構造は、単純なジグザグというよりもダブルジグザグと判定できる。カウントは(W)-(X)-(Y)であり、(W)波と(Y)波はそれぞれA-B-Cとカウントされ

図2.16　　　　　　　　オーストラリアドル（日足）

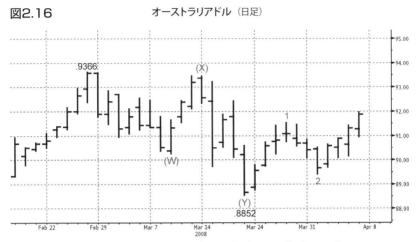

Chart reprinted with permission from Bloomberg. Copyright 2013 Bloomberg. L.P. All rights reserved.

るジグザグとなっている。(W)－(X)－(Y)の中で反トレンド波である(X)はやはり3波動構成になっている。

　この修正波のパターンは、ひと回り大きなトレンドがいまだ上昇中であり、この3月の上昇が2008年2月高値である0.9366を超えて続くことを示唆している。

2．トレードプランの策定

　ダブルジグザグという想定に基づくトレードプランとしてこの時、考えたのは、2008年6月限のオーストラリアドル先物を0.9180で買い、プロテクティブストップを0.9080に置くというものだ（**図2.17**）。また、このケースで想定される上値メドは3波が1波の1.618倍となる0.9430の水準だ。このプランはただちに実行した。2008年4月7日の時点でバーチャートを見ると、その日の高値近辺が終値になるという形になっており、これは強気が相場を支配していることを意味していたから

図2.17　オーストラリアドル（日足）

Chart reprinted with permission from Bloomberg. Copyright 2013 Bloomberg. L.P. All rights reserved.

だ。この日だけでなく、この日までの４日連続でバーチャートは強気を示し、実際に株価は上昇が続いていた。

　ここで重要なのは次の点だ──2008年３月の上昇を私は１波、２波とカウントしたが、これは、これらの波動が必ずしも１波－２波であることを意味しているわけではない。その波が本当に何なのかを最終的に確認するのは、その後の実際の価格の動きそのものだということを思い出してほしい。可能性が高いベストと思われるカウントであっても、実際に波動が完成するまでは、それが本当に正しいのかどうか分からないし、あとになって「間違っていた」となる可能性もある。しかし、正しくても間違っていても、どこかの時点でどの可能性が高いのかを評価し、リスク・リウォード・レシオを計算し、リスク管理のルールを押さえつつ、トレードを実行しなければならない。

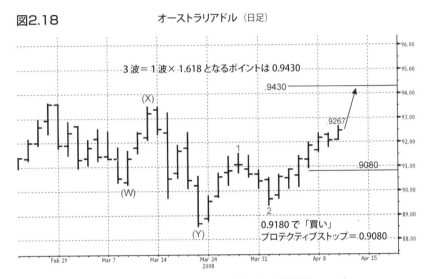

Chart reprinted with permission from Bloomberg. Copyright 2013 Bloomberg. L.P. All rights reserved.

3．トレードの管理

　このポジションを取ったあとの数日間で、オーストラリアドルは0.9267まで上昇した（**図2.18**）。この上昇は私の強気な見通しに自信を与えてくれるものと言えたが、プロテクティブストップを引き上げるには至らず、この時点でプロテクティブストップは0.9080のままだった。
　この上昇の動きは0.9267でⅲ波のピークを形成したよう思われた（**図2.19**）。その後の数日で、オーストラリアドルは140pips下落して0.9127となった。２日間で1.51％というこの下落はそれなりの動きであり、最初は３月の上昇に関する私の弱気な想定を裏付けるものに思えた。しかし、高値から140pips下がった４月14日の時点で私が弱気な想定を避けた理由は、この日のバーチャートの終値が６月限ベースで0.9166だったからだ。

図2.19　オーストラリアドル（日足）

Chart reprinted with permission from Bloomberg. Copyright 2013 Bloomberg. L.P. All rights reserved.

　この情報自体は、一見、重要でないようにも思われた。だが、この日の安値は0.9127、高値は0.9192であり、終値が0.9166というのは1日の値動きのレンジの上から50％の範囲内だ。もし本当に4月14日のマーケットを弱気が支配していたなら、終値はおそらく1日のレンジの50％より上ではなくて、下から20％、あるいは10％以内というように1日のレンジの下のほうである可能性が高かっただろう。
　実際にその後の価格は4月16日に0.9334まで上昇し、バーチャートの分析が正しいことが証明された。この予想どおりの上昇に対応して、私はプロテクティブストップを0.9170に引き上げ、このポジションのリスクを10pips、つまり1枚当たり100.00ドルにすることができた（**図2.20**）。
　4月21日のオーストラリアドルの終値は0.9359で、これはその日のほぼ高値近辺という非常に強い終わり方だった。この動きを確認して私はプロテクティブストップをさらに引き上げて0.9230とした。これ

図2.20　オーストラリアドル（日足）

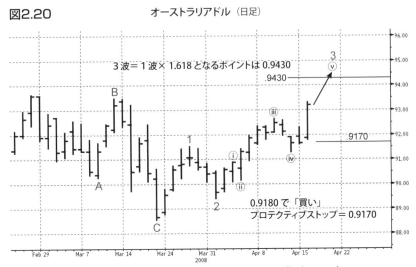

Chart reprinted with permission from Bloomberg. Copyright 2013 Bloomberg. L.P. All rights reserved.

図2.21　オーストラリアドル（日足）

Chart reprinted with permission from Bloomberg. Copyright 2013 Bloomberg. L.P. All rights reserved.

図2.22

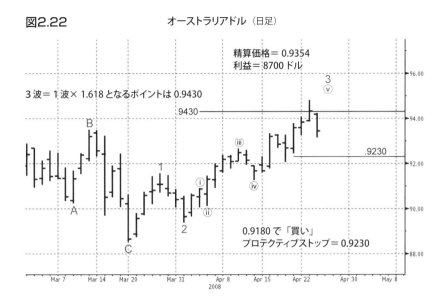

　で利益を少し確保できたことになった（**図2.21**）。

　その後、オーストラリアドルは0.9430という目標に到達し、4月24日には0.9354まで引き上げていたプロテクティブストップの逆指値注文が発動して、1単位当たり1740ドルの利益を確保できた（**図2.22**）。オーストラリアドルが0.9354のプロテクティブストップにヒットした日の終値は0.9432だったが、その日の価格レンジの中間点は0.9435だった。もし強気が市場で支配力を持っていたなら、4月23日の終値は中間点より高くなっていた可能性が高い。

　この事例については興味深い点が2つある。1本のバーチャートの分析の重要性が見て取れる点と、異なる時間軸のチャートを使っていないという点だ。

　もし、読者が1本のバーチャート分析、あるいは複数のバーチャート分析をしていないのなら、それを始めることを強くお勧めしたい。始値、高値、安値、終値の関連性を理解することは、テクニカル分析に

不可欠だからだ。

> トレンドを見極めるには週足チャート、波のパターンを見極めるには日足チャート、エントリーやエグジットのポイントを探るなら日中足チャートを使うとよい。

また、この事例で私は日中足チャートや長期チャートを使わなかった。波動のパターンは最初から最後まで日足チャートにおいてはっきり現れていたからだ。しかし、エリオット波動原理を使って相場分析をする時には、日足以外の時間軸のチャートもよく検証されることをお勧めする。おおまかにだが、トレンドを見極めるためには週足チャート、波動のパターンを見極めるには日足チャート、エントリーやエグジットのポイントを探るなら日中足チャートを使うのがよいだろう。

ジグザグにおけるトレード——銀の事例

この項では、私が1998年から2002年にかけて専業トレーダーをしていた頃の銀のトレードについて紹介する。当時、私は10年以上にわたりエリオット・ウエーブ・インターナショナル（EWI）の刊行物を購読していたので、エリオット波動分析をとてもスムーズに行えるようになっていた。図2.23の銀のチャートはEWIから1998年１月に送られてきたもので、買いチャンスを示すものだった。というのも、ここで進行中のパターンは、インパルスと解釈するのがベストと思われたからだ。これから見ていくように、私はジグザグのパターンをこのインパルスにおけるトレードに利用することができたのだ。

１．チャート分析

1998年１月29日の終値の時点で、銀はインパルスの５波が進行中のように見えた。この時、私は銀に関して強気であり、この５波の上昇

64

図2.23

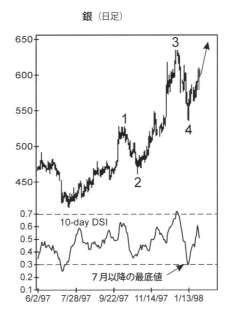

出所＝The Elliott Wave Theorist, February 1998; DSI courtesy www.tradefytyres.com

を狙って買いポジションを取ろうと考えていたし、チャートはこのプランを実行していく後押しをしてくれた。このチャートの下に描かれているのは「10日のデイリー・センチメント指数（DSI）」だ。この指標は私が市場のセンチメントが強気や弱気に決まるポイントを探すために使っているものだ（エリオット波動分析を他のテクニカル指標と併用する方法については第6章で述べる）。

ポジションを取る前に、私はまず長期的な値動きを確認する。そのために2月2日、**図2.24**のような銀先物の月足のつなぎ足チャートを確認した。

> 銀価格のチャートは、1オンス当たりをドルとセントで表すのではなく、セントだけで表示してある。これらの数字を100で割ることにより、馴染みのあるドル換算の数字が得られる。

私は1998年3月限の銀先物をトレードしようと考えていたが、2月

図2.24　銀 COMEX［ニューヨーク商品取引所］先物（月足）

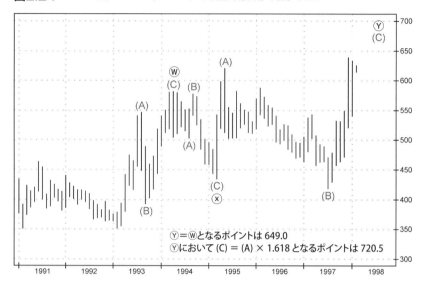

出所 = Data courtesy TradeNavigator.com

　２日の終値は625.0だった。長期的に見て、銀はダブルスリーを形成中のように思われた。そのダブルスリーはⓌ－Ⓧ－Ⓨの構成であり、Ⓦが(A)－(B)－(C)のジグザグ、Ⓧが(A)－(B)－(C)のフラット、Ⓨが(A)－(B)－(C)の拡大型フラットというものだ[2]。

　ここで大事なことは、**図2.25**を見ると分かるように、Ⓨ波の中で(C)波がまだインパルスを形成中であり、その５波はまだ初期段階だと思われる状況だったということだ。そこで実現の可能性があるターゲットプライスを探したところ、Ⓨ波がⓌ波と同じ大きさになる水準として649.0というターゲットプライスに気付いたが、それはその日の終値である625からそれほど大きな収益が期待できる水準とは言えなかった。

　当時、銀はとてもボラティリティが高い状態だったので、ターゲットプライスまでたった24ポイントという想定収益は物足りないものだった。次に、他のフィボナッチ比率関係を当てはめると、Ⓨ波におい

第2章　次のインパルスを狙うためのジグザグ、フラットでのトレード戦略

図2.25　銀COMEX［ニューヨーク商品取引所］先物（日足）

出所＝Data courtesy TradeNavigator.com

　て、(C)波が(A)波の1.618倍になる水準は720.5だった。これは十分に高い収益が狙えるターゲットプライスだ。

　それから私は先物の日足のつなぎ足チャートで、インパルスである(C)波についてエ

> 拡大型フラットにおいてＣ波の大きさがどの程度になるかという目安は、通常Ａ波の1.618倍程度だ。

リオット波動分析を行うことで、その５波のターゲットプライスを探った。５波がどのくらい進捗しているのか、上昇余地があとどのくらい残されているのかをもう少し詳しく検証したかったのだ。

　そこで、私はチャネルを引いた。まず、２波と４波の終点を結んで、次にそれと平行な線を３波の終点から引くという手順だ（**図2.25**）。そしてフィボナッチ比率関係のガイドラインを使い、１波から３波の値幅をはかり、それに0.618倍をかけたものを４波終点に加える。この計算の結果、５波終点の目標として677.5というターゲットプライスが計

67

> **フィボナッチ拡張**、あるいは
> フィボナッチ倍率は、1波か
> ら3波にかけての長さと5波
> の長さの比率がフィボナッチ
> 数になるという関係のことだ。

算できた。もし5波がすぐに立ち上が
らなければ、677.5という価格水準は、チャ
ネルの上値ラインから離れてチャネ
ル内の中ほどの位置になってしまうと
考えられる状況だった。したがって、
677.5を短期のターゲットプライス、720.5を長期のターゲットプライス
と結論付けた。5波が短期間で形成されれば、チャネルの上値ライン
が677.5近辺となるあたりに5波終点がくる可能性があるが、5波が時
間をかけて形成されるとなると、上値ラインはどんどん上昇していく
ので、上値ラインが720.5セント近辺になるあたりが5波終点のメド
になる、ということだ。

2．トレードプランの策定

　次に行うのは、エントリーとエグジットのポイントを考えることだ
が、そのために私はよく15分足バーチャートを使う（**図2.26**）。この
ケースにおいて、2月3日の時点では買いポジションにエントリーす
るポイントを探ろうと価格の動きを観察していたが、私はいまだにポ
ジションを取っていなかった。
　5波の副次波の進展について、私は自信を持った把握ができていな
かったが、5波が終了したとは考えていなかった。なぜなら、銀価格
は677.5や720.5などのターゲットプライスに達していなかったからだ。
図2.26のように、1月30日の終値で付けた安値からスタートした値動
きがひと回り小さい階層の上向きのインパルスとして完成したのを確
認し、それにジグザグで完成したと思われる修正波が続いた[3]。この波
の形から見るとまだ5波が継続しているように思われた。この時点に
おいて、高値は650.0であり時価は635.0近辺で推移していた。
　ジグザグは修正波であり、それはひと回り大きなトレンドを一時中

図2.26　　　　　　銀 COMEX 先物（1998年3月限 15分足）

出所＝ Data courtesy TradeNavigator.com

断させるものだ。この場合、ひと回り大きなトレンドというのは上昇トレンドだ。したがって、ジグザグが完成したあと、それに続く動きは上昇波動だろうと考えられた。そして、それは依然として5波が進行中である中での動きと考えられる[4]。

　インパルスの(v)波が終わってしまったという証拠があるとしたら、それはトレードのチャンスを探す重要な手掛かりになるものだ。なぜなら、続く下落の動きは修正波、たとえばジグザグなどになると、それに続いて新たなインパルスの波動が起こり、前のインパルスが付けた高値を更新するだろうと想定できるからだ。つまり、それはトレードのチャンスが生じる、ということになる。

　そして、このケースでは(v)波が終わったと考えられる証拠はあった。この(v)波のインパルスと考えられる波動がチャネルの上値ラインに到達したというのがその証拠のひとつだ。それから、(v)波が、(i)波から

図2.27　　　　銀COMEX先物（1998年3月限15分足）

出所＝Data courtesy TradeNavigator.com

(ⅲ)波までの距離の0.618倍に相当する距離になる水準が652.8と、(ⅴ)波終点と想定される水準のわずか3セント上となっていた。このように、フィボナッチ比率の関係においても(ⅴ)波が終了した可能性を示唆する根拠があった（**図2.27**）。

さらに、証拠を裏付ける要素がもうひとつあった。**図2.28**にあるとおり、(ⅴ)波が650.0で終わっていたなら、(ⅳ)波終点はインパルス全体を1対1に分割することになるところだった。この比率は完成したインパルス内におけるフィボナッチ分割比率と呼ばれるフィボナッチの比率関係のひとつだ。4波がインパルス全体を黄金比と呼ばれる比率で分割するのがさらに一般的な比率関係ではあるが、4波終点が全体を1対1に分割するというこの比率も、イ

黄金分割　0.618対0.382の比率に分割すること。4波の始点か終点はしばしばインパルスを黄金分割あるいは同等に分割する。この関係をフィボナッチ分割と呼ぶ。

第2章 次のインパルスを狙うためのジグザグ、フラットでのトレード戦略

図2.28　銀COMEX先物（1998年3月限15分足）

出所 = Data courtesy TradeNavigator.com

図2.29　銀COMEX先物（1998年3月限15分足）

出所 = Data courtesy TradeNavigator.com

71

ンパルスと判定する証拠としては有力である。

　また、(v)波と想定される波動に続くジグザグが完成したことを裏付けていると考えられる証拠も15分足チャートの中で見られた。**図2.29**が示しているように、このジグザグはトレンドチャネルをきれいに形成しながら、インパルスに対するリトレース率が0.382倍となる水準の近辺まできていた。さらに、(c)波もチャネルの下値ラインに到達していた。

> ジグザグのC波の最も一般的な長さの目安はA波と同等の長さである。

　加えて、**図2.30**が示すように、(c)波はここまでのところのジグザグの安値である631.5でちょうど(a)波と同じ大きさになるところだった。

　図2.29を見ると、銀はジグザグのチャネルの上値ラインを突破していることが分かる。上値ラインの突破はわずかではあるが、ジグザグが完成して、それに続く上昇のインパルスがスタートしたことは明らかと思える状況だった。ついに買いポジションを取るべき時がきた。私はブローカーに電話をして、銀の買い注文を出してもらおうとした。しかし、ブローカーが電話を取る前にニュースが飛び込んできた。

　ニュース速報——「ウォーレン・バフェットが代表を務めるバークシャー・ハサウェイ社が、1997年7月から1998年1月にかけて銀1億2970万オンスを購入した」

　図2.31はその時の様子を示すものだ。銀価格はロケットのごとく吹き上がって、高値663.0、終値661.5となっている。通常、このような値動きは上昇トレンドの途中やはじめではなく、最終局面に近くなって起こるものだ。私は考えた——「いま自分は何をするべきなのか」。バフェットが銀を買ったというニュースを聞いた投資家たちが大挙してマーケットに押し寄せてきている状況でも、なお買いポジションを取りにいくべきなのか？

72

第2章 次のインパルスを狙うためのジグザグ、フラットでのトレード戦略

図2.30　　　銀COMEX先物（1998年3月限15分足）

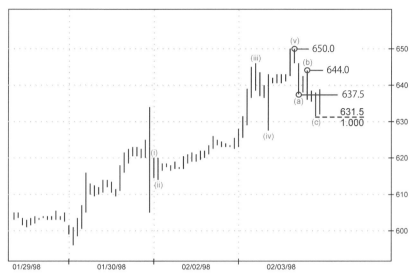

出所＝Data courtesy TradeNavigator.com

図2.31　　　銀COMEX先物（1998年3月限15分足）

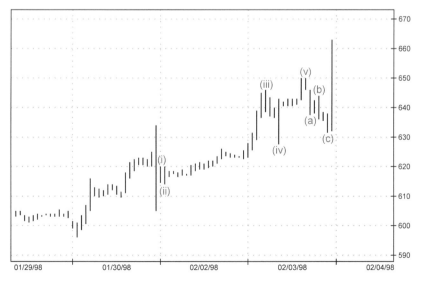

出所＝Data courtesy TradeNavigator.com

明らかに、バフェットの銀購入のニュースは、私の戦略全体を混乱させた。私は波に乗じている群集と同じ行動を取りたくなかった。その一方で私のエリオット波動分析は、追随買いする人たちの存在にかかわらず、「銀価格はさらに高くなる」と告げていた。私は悩んだ——おおかたの逆を行きこの戦略をあきらめるべきなのか、それともニュースに左右されずに自分が最初に立てた戦略にこだわるべきなのか？どちらにせよ、私が買いポジションを取るとしても、押し目を待つべきか、このまますぐに買うべきなのか？

　振り返って考えると、ジクザクの(a)波と(b)波を認識した時点で、(c)波終了を待たずにチャネルを引くべきだったし、このニュースが出る前にブローカーに電話して、「3月限の銀をチャネルのトレンドラインを突破したところで買う」という注文を出すべきだった。もちろんプロテクティブストップとともに。そうしておけば、どんなに相場展開が速くても私は上手く買いポジションを取ることができただろう。

　2月3日の日足の最後がどのようになっていたか、**図2.32**を参照してほしい。

　チャネルの上値ライン近くである677.5近辺で終了していることが分かる。しかし、(C)波が(A)波の1.618倍となる720.5というターゲットプライスがあることも思い出してほしい。以上のことから、銀価格は上昇相場の最後に近いものの、上昇余地はまだあると結論付けた。おそらく、このニュースは、これで価格が必ずしも天井に達するということではないとしても、天井に近付くサインだったのではないだろうか。私は次の日に買いポジションを取ることにした。ここで大切なのは、720.5という高いほうの目標にこだわり、ニュースを逆張り指標として使わなかったということだ——少なくともこの時にはまだ。

　図2.33は2月4日に何が起きたかを示している。

　銀価格はギャップアップし、値固めする動きをせずに684.0に到達した。私はギャップを埋めるまで反落する動きを待つことにした。しか

図2.32　　　　　銀COMEX先物 つなぎ足（日足）

出所＝Data courtesy TradeNavigator.com

図2.33　　　　　銀COMEX先物（1998年3月限 15分足）

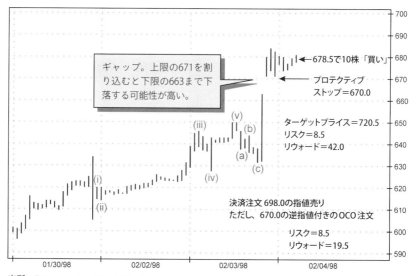

出所＝Data courtesy TradeNavigator.com

し、１時間半たっても反落の動きはなかった。この横向きの値動きは、新しい下落トレンドが開始したというよりは、修正波のように見えはじめたので、私は３月限を10枚、678.5で買った。

私は、異なる価格で少しずつ買って40単位にしようと考えた。ターゲットプライスは720.5で、ストップはギャップの上限である671.0の少し下の670.0に置いた。「671.0を割り込んだら、売り方はおそらくギャップのスタート地点の663.0をターゲットにしてさらに売ってくる」と判断したからだ。そうなった場合に生じる損失は私が耐えられるものではなかった。

3．トレードの管理

最初、私のこのトレードのリスク・リウォード・レシオは約５対１、つまり42セントのリウォード対8.5セントのリスクだった。しかし、ここで私は、３月限の銀先物を10枚、698.0で売り注文を出しつつ、670.0まで下がったらストップを発動させるOCO（One Cancels the Other）注文を行うことでリスクとリウォードの比率を変えた。利益確定の注文と同時にプロテクティブストップを置くというこの戦略は、私がよく使うものだ。特に、オーバーナイトで持つポジションに対して不安を感じる時にはよく使う。では、どうして私は利益確定のポイントとして698.0を採用したのか？　この時の私は別のトレード手法からエリオット波動分析に完全に趣旨替えしていたが、トレーダーとしての心理から依然としていくつかの“迷信”を追い払えないでいたのだ。その迷信のひとつは、「新高値や新安値として、とてもキリのよい数字に到達した時には、いつもそれが強い抵抗線となり、価格がその水準まで下落してきたら反転する、あるいはそうした水準まで上昇してきたら反落する」というものだ。後述するが、この迷信により私はもっと得られたはずの利益を逃すことになる。このケースでは、１オンス当

図2.34　　　　銀COMEX先物（1998年3月限15分足）

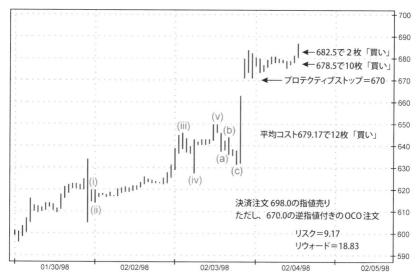

出所＝Data courtesy TradeNavigator.com

たり600台から700台になる時の話だ。私のターゲットプライスは720だったが、私は銀がすぐに――少なくともこの日には――700を突破していくとは思っていなかった。そのため、当面のあいだは押し目があった場合にだけポジションを追加しようと考えていた。

しかし、**図2.34**が示すとおり銀価格はさらに上昇した。銀が687.0になった時、私は「銀はもう反落しないだろう」と考えた。なぜなら、十分な時間が経過したにもかかわらず銀はギャップを埋めようとしなかったからだ。そこで私は、ここで３月限の先物を682.5で２枚追加買いすることにした。これでわたしは12枚の買いポジションを平均コスト679.17で持っている状態になった。その後、価格はさらに上昇し、私はプロテクティブストップを引き上げた。

銀の上昇は続き、700.0に到達した。これは新高値としてかなりキリのよい数字であり、強い抵抗線であると思われた。

図2.35　銀COMEX先物（1998年3月限 15分足）

出所＝Data courtesy TradeNavigator.com

　しかし、銀はその後すぐに708.0に達した。たしかに私はこの時のマーケットの力を過小評価していた――少なくともこの日の残り時間のマーケットについては。いずれにせよ、売り注文は698.0で約定し、トレードは１万1300ドルの利益という結果になった（図2.35）。

　図2.36は、銀価格のインパルスのあとの動きを示している。5波はスローオーバーし、3月限は2月5日に740.0でピークアウトした。私のターゲットプライスだった720.5よりも20セントほど上の水準だ。

　それから、転じて銀は下落し、チャネルの下値線も割り込んでいった。その後も、2001年の401.5に至るまでずっと下落を続けた。

　この事例の教訓は以下のとおり――多くのトレーダーはニュースに反応するが、ニュースは完全に無視して、波のパターンに注目したほうがよい、ということだ。通常、本当に価値のある出来事は市場のトレンドに先行してニュースになるのではなく、市場のトレンドに遅れ

図2.36　　　　　　　　銀COMEX先物 つなぎ足（日足）

出所 = Data courtesy TradeNavigator.com

てニュースになることが多いからだ。バフェットが銀を買ったというニュースは、新しい上昇相場の始まりを意味するものではなく、むしろ上昇相場が終わりに近付いているサインだった。銀の将来の値動きに関する最良の情報源はエリオット波動原理だった。なぜなら、エリオット波動原理は群集心理やトレンドの真の要因と事柄を織り込んだ波動の状況を教えてくれるからだ。群集の投資行動が典型的な値動きのパターンを生み出す。この典型的なパターンを理解すれば、相場を予想することができる。

　今回の事例で取り上げたジグザグの場面に関しては、状況を確認していたにもかかわらず、パターンを利用するためのアクションで私は少し遅れを取ってしまった。そして、バフェットのニュースが出たために、その遅れが大きな機会損失につながってしまったのだ。私は――バフェットではなく――自分の拙さを責めたい。つまるところ、あの

> 「ポジションを取る前にまずは波動の大きなカウントを想定し、それからその波動の低い階層を確認してそのカウントの裏付けを取る」という作業は有益だ。

ニュースによって起きた群集心理に感化されて自分の分析に対する自信そのものを失っていたなら、私は銀で利益を得ることはできなかっただろう。

エリオット波動分析は私に銀の先行きを見通すための有益なロードマップを与えてくれた。私は、バフェットのニュースで起きた熱狂に乗せられて買うのではなく、事前に波動分析を行い、銀の上昇を見極めて投資行動を決めた。つまり、エリオット波動分析は、5波の熱狂状態による上昇がどのくらいまで続くのかを分析するのに役立ったのだ。当時、他の多くのトレーダーは、銀相場がピークを過ぎてもずっと買いポジションを持ちつづけ、安い値段で損切りするということになった。

複合修正波におけるトレード──ロブスタコーヒーの事例

ロバート・R・プレクター・ジュニアとA・J・フロストの『エリオット波動入門』（パンローリング）を読まれた方はご存知だろうが、修正波には3つの波形がある。そして、それら3つのパターンとその複合型として展開する修正波は、それら自体をトレード対象にすることはとても難しい。

これまで、この章では「単純な修正波の局面を利用したトレード戦略においてエリオット波動分析をどう使ったらよいか」というところを見てきた。しかし、修正波のパターンがもっと複雑なものだったらどうだろう？ 修正波が複雑化したパターンを複合修正波というが、これはトレーダーにとっては夢のような状況を悪夢のような状況に変えてしまう可能性がある。この項では、ロブスタコーヒー先物の1998年

図2.37　　　　　　ロブスタコーヒー（月足）

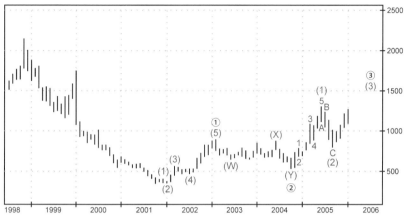

出所＝Data courtesy TradeNavigator.com

から2006年の期近ものの月足チャート（**図2.37**）を使って、このタイプのパターンをどのように扱い、収益を得るために利用できるのかを解説する。

１．チャート分析

　ロブスタコーヒー先物はユーロネクストで取引されていて、１トン当たりの価格が１ドル刻みで変動する形になっている。５トン単位で取引されるので、価格の１刻み当たりの価値は５ドルということになる。仮に複合修正波でトレードするなら、どのようなトレードが可能だったのかを見るために、この月足チャートを選んだ。2006年１月の直近の月足からトレードを開始することにしよう。日足チャートにおける直近の日付は１月19日だが、ポジションを取る前にまずは長期のチャートを見て、そこから順々に小さい階層を見て、波動のカウントをするための裏付けを探していく。

まずは、おもな安値と高値を手掛かりにして認識可能な波動パター
ンを探していこう。このチャートでは、2001年終盤の安値345からカウ
ントをスタートしていくことができる。ここでは、プライマリー①波
のインパルスが見られ、続いて②波としてダブルジグザグが完成した
ことが確認できる。そしてチャートの直近の時点ではプライマリー③
波が進行中ということになる。プライマリー③波において、ロブスタ
コーヒーはインターミーディエイトの(1)波と(2)波が完成し、インター
ミーディエイト(3)波に入ってきている――あるいは、そのように見え
るところだ（それに代わるカウントとしては、この動きをプライマリ
ーの④波、⑧波、ⓒ波とカウントすることができる）。

　次に週足チャートを見ていこう（**図2.38**）。

　(2)波はジグザグのA－B－Cであり、直近の値動きはプライマリー
③波の中のインターミーディエイト(3)波に入ってきていると考えられ
るところだ。そして、マイナーの1波、2波とカウントすることができ
き、マイナー1波は上昇5波動、それに続いてマイナー2波は拡大型
フラット、そしていまインターミーディエイト(3)波のマイナー3波が
始まっていると考えられるところだ。

　これは何を意味するのか？　これらのカウントが正しいとすれば、ジ
グザグによる修正の動きに続くのは、「3波の3波の3波」であるはず
だ。これはパワフルな動きであり、ロブスタコーヒーはこの水準から
実に爆発的な動きをしていくことだろう。加えて、拡大型フラットに
続く波はしばしば強い値動きになるということもある。以上のような
根拠から、巨大な上昇の動きが予想されるので、ここは買いポジショ
ンを取りたいところだ。しかし、その前にインターミーディエイト(2)
波と(3)波の部分を拡大・分析して、この波動のカウントが正しいこと
の確証を得ておこう。

　図2.39はインターミーディエイト(2)波の拡大図だが、この部分が本
当にA－B－Cというジグザグになっていることが分かる。副次波を

第2章 次のインパルスを狙うためのジグザグ、フラットでのトレード戦略

図2.38　ロブスタコーヒー（週足）

Chart reprinted with permission from Bloomberg. Copyright 2013 Bloomberg. L.P. All rights reserved.

図2.39　ロブスタコーヒー（日足）

Chart reprinted with permission from Bloomberg. Copyright 2013 Bloomberg. L.P. All rights reserved.

83

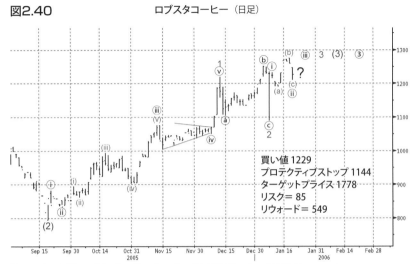

図2.40　ロブスタコーヒー（日足）

Chart reprinted with permission from Bloomberg. Copyright 2013 Bloomberg. L.P. All rights reserved.

見ると、A波はインパルス、B波は収縮型トライアングル、C波はインパルスになっている。では、インターミーディエイト(3)波のマイナー1波が本当にインパルスなのかを見てみよう（**図2.40**）。

　マイナー1波については、5波動で明確にインパルスを形成しているのが分かる。私はこれらの波をマイニュート波のⓘⓘⓘⓘⓥⓥとカウントした。マイニュートⓘⓘⓘ波の副次波も判別することができるし、ⓘⓥ波はとてもよい形のトライアングルが確認できる。マイナー2波については、拡大型フラットⓐ‐ⓑ‐ⓒが確認できる。少し判別が難しいところだが、3波のスタートとなるマイニュートⓘ波と思われる波も見て取れるし、マイニュートⓘⓘ波としてランニングフラットらしき形も見える——十分な値動きが確認できないので、別の波形の可能性もある。いずれにせよ、このチャートを見ると、エリオティシャンにとっての夢である「3波の3波の3波の3波」がすぐ目の前にきているように思われる。

84

2．トレードプランの策定

　以上のことから、もしこのチャートを見てトレードをするなら、最も直近の1月19日に買い建てることになる。この日の日足のレンジは1210〜1247であり、理想を言えば、その中間地点の1229でロングポジションを取りたいところだ。プロテクティブストップとしては、マイナー3波の中のマイニュート①波を0.618倍リトレースメントした地点がよく機能すると思われる。この①波は1090から1233まで上昇したので、上昇幅を61.8%リトレースする地点は1145近辺となる。そこで、私はストップをこれより1ティック下の1144に置こうと考えた。このポイントを割れてもカウントが破たんするわけではないが、成功する可能性に疑問が生じてくるところだ。

> トレーダーとして最も有益な習慣は、「価格がここまできたら、自分が想定した波動のカウントが破たんしてしまう」というポイントにプロテクティブストップを置くということだ。

　最良のプロテクティブストップの置き方は、「ここを超えたら（あるいは割れたら）波動のカウントが無効になる」と判断できるポイントにすることだ。この事例ではマイニュート①波の始点である1090がそのポイントと考えられる。しかし、エリオット波動分析を使いプロテクティブストップを設定するのは、いま述べた波動の構造上の理由と、トレーダー個人のリスク許容度の双方を加味して決めるべきだ。1090より低くにプロテクティブストップを設定するのは、リスクが大きすぎると感じる人たちもいるだろう。その場合、トレーダーは自分のリスク許容度から見て、受け入れられる水準をストップのポイントとして選ぶべきである。

> リスク・リウォード・レシオについて、多くのトレーダーはリウォードがリスクに対して3倍以上になると上手くいきやすいということを経験上で知り、その状態を好んでいる。

　マイナー3波のターゲットプライスを設定するには、マイナー1波

85

の長さをはかり、それを1.618倍する。あるいは、もうひと回り大きな階層の３波（つまりインターミーディエイトの３波）によってより長期のターゲットプライスを決めることもできるが、実現するまでにはかなり多くの修正局面を経る必要があるので、反落場面が起きる前に一度利益確定し、そして、よりよい水準でもう一度ポジションを取るというプロセスを経て利益を最大化するのが望ましい。上昇相場の上昇幅とその上昇の中の個々の上昇の動きを合計したものは決して同じではない。下落相場においても、その下落幅と個々の下落の動きの合計とは同じではない。

マイナー１波は安値795から高値1220までであり、この値幅425の1.618倍は688になる。これをマイナー３波の始点で２波のⓒ波の終点である1090に加えると、1778というターゲットが求められる。

通常、波動の初期段階で３波の終点がどこになるかを想定することは難しいが、いくつかの倍数を使って想定を立てることはできる。インパルスが１波も３波も延長していない場合、フィボナッチ比率による最も有力な予測法は、４波の始点か終点によりインパルス全体を分割する方法だ。たとえば、５波はしばしば１波から３波までの値幅とフィボナッチ比率の関係になる。また、４波終点はしばしばインパルス全体を黄金比率（0.618対0.382）に分割する[5]。それゆえに、大切なことは、３波の副次波を観察して、これらのフィボナッチ比率関係を当てはめてみることだ。この時、想定されるリスクは85ポイント、想定される収益は549ポイントなので、リスク・リウォード・レシオは６対１ということになる。

その後、３月15日までに何が起きたか、**図2.41**を見ていただきたい。

３．トレードの管理

その後、マーケットは上昇するどころか1088まで下落してしまい、こ

第2章　次のインパルスを狙うためのジグザグ、フラットでのトレード戦略

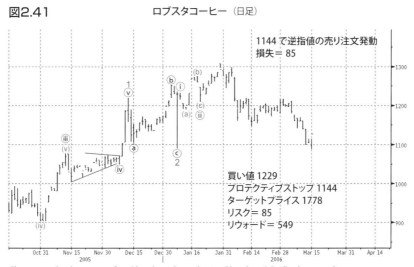

図2.41　ロブスタコーヒー（日足）

Chart reprinted with permission from Bloomberg. Copyright 2013 Bloomberg. L.P. All rights reserved.

のトレードは1144でストップに引っかかって85ポイントの損失となった。当初、このトレードプランは頭を悩ますこともないほど確実性の高いもののように思えたが、結果、計画どおりにいかなかった。この波動のカウントは、依然として(1)-(2)の後に(3)の副次波の１-２までが展開されたというふうに考えられるところだった。この場合、マイナー２波は、時間をかけて大きく張り出した拡大型フラットに展開しているという想定になる。しかし、私たちの最初のカウントは、即座に上昇が加速していき、延長波の形になっていくという想定だった。代替シナリオとしては、マイナー２波の拡大型フラットとしていた部分が実は２波の副次波のＡ波にすぎず、それに続いてＢ波が展開して新高値を付けて、Ｃ波で1088まで下落するという形のフラットを形成し、これがマイナー２波になっているのではないか、ということも考えられた。しかし、フラットの副次波のＡ波は通常はフラットにはならない[6]。

87

トレードにおいて、想定した方向は正解だがタイミングが間違っていた、というケースがしばしばある。こうしたケースでトレーダーに足りないのは忍耐力と粘り強さだ。トレードのシナリオが実現するまでに想定していたよりも2〜3倍の時間がかかるということも時々ある。

1月19日がロングポジションを取るベストのタイミングではないということを教えてくれるサインは何かなかったのだろうか。もう一度、**図2.38**を見てみると、⑵波がまだ終わっていないというサインが見られる。⑵波の傾斜は⑴波よりも急こう配だった。通常、2波目は1波目よりもこう配がなだらかなことが多いのだ[7]。1波目－2波目という動きが重なっていることはインターミーディエイト⑶波とプライマリー③波が延長波になることを示唆している。

通常、延長している波動の副次波のアクション波は、延長していないひと回り大きなアクション波よりも大きくなる[8]。しかし、インターミーディエイト⑶波のマイナー1波は、インターミーディエイト⑴波よりも短かった。

いずれにせよ、この時点で大事なことは、最新の値動きも踏まえてベストな波動のカウントが何かを再検討することだ。

そこでももう一度、**図2.42**の週足チャートを見てみよう。

高値1306から3波動で795まで下落して、それに続いて3波動で1308まで上昇している。どちらの3波動も先ほどのチャートで確認した副次波によればジグザグに思われる。1308を付けたあとは上昇トレンドのトレンドラインを打ち破るような下降トレンドとなっている。このように、**図2.43**は、よりよいカウントを示しているように思われる。

⑵波はおそらく3－3－5という構成のフラットとして展開中と思われる。A波とB波はジグザグだ。B波の中では、マイニュートⓒ波がおそらくエンディングダイアゴナルとなっている。だとすると、その次にはC波として795くらいまで下落するような5波動の下落波動が起きることが想定できる。以上のことはC波の下落を狙ってショート

第2章 次のインパルスを狙うためのジグザグ、フラットでのトレード戦略

図2.42　　　　　　　ロブスタコーヒー（週足）

Chart reprinted with permission from Bloomberg. Copyright 2013 Bloomberg. L.P. All rights reserved.

図2.43　　　　　　　ロブスタコーヒー（週足）

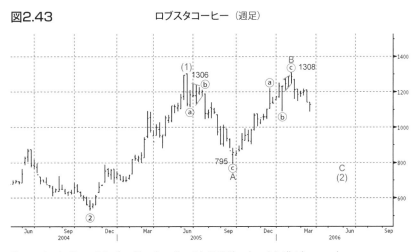

Chart reprinted with permission from Bloomberg. Copyright 2013 Bloomberg. L.P. All rights reserved.

89

図2.44　　　　　　　ロブスタコーヒー（週足）

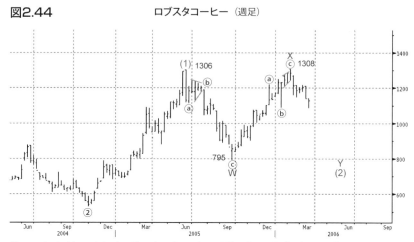

Chart reprinted with permission from Bloomberg. Copyright 2013 Bloomberg. L.P. All rights reserved.

する時だということを意味しているのだろうか？　いや、まだ何もせずに待つのがベストだと思われる。なぜなら、他の波動のカウントもありうるからだ。フラットのA波とB波は別の波形になりやすいというオルタネーションのガイドラインから考えると、A波とB波が別の波形になるシナリオも想定しておく必要がある。たとえば、A波がジグザグで、B波がフラットになる、というようなシナリオだ。あるいは、**図2.44**のようにダブルスリー（W-X-Y）の可能性はないのか、それを見極めるためにもう少し値動きを注視する必要がある。

　ダブルスリーの場合、W波とX波がジグザグならば、Y波はフラットかトライアングルとして展開するはずだ。Y波はジグザグにはなり得ない。ダブルジグザグにおいては、X波はW波の始点を超えないので、このケースはダブルジグザグとは考えられないからだ。さらにその後に何が起きたのかを見てみよう。

　６月２日には、まだ値動きの方向性が見えておらず、蛇行しながら横ばいの動きが続いている（**図2.45**）。

図2.45　ロブスタコーヒー（週足）

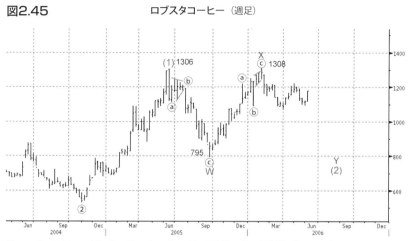

Chart reprinted with permission from Bloomberg. Copyright 2013 Bloomberg. L.P. All rights reserved.

　ここで次のような疑問が出てくる。図2.43のように高値1306から(2)波がフラットとして依然展開中なのだろうか？　これは疑わしいところだ。高値1308からＣ波として明確な５波動がいまだに確認できず、３波動による下落の動きだけが見られるからだ。さらに重要なことに、フラット内ではＣ波は通常はＡ波の傾斜よりも急こう配になる[9]。しかし、進行中のＣ波はＡ波よりもこう配が緩やかになっている。より可能性が高いのは、(2)波がダブルスリーであるというシナリオだ。その副次波はＹ波が３－３－５のフラットか、３－３－３－３－３のトライアングルと思われる。もし、それがフラットだとしたら、価格は1308近辺――おそらくは高値更新するところ――までいき、その後に５波動の下落が起きると思われる。

　別の可能性として、Ｙ波がトライアングルとして展開していることも考えられる。図2.46は、その想定を記した日足チャートをクローズアップしたものだ。

　３波構造の波動が続いていて、トライアングルのⓐⓑⓒⓓを形成し

図2.46

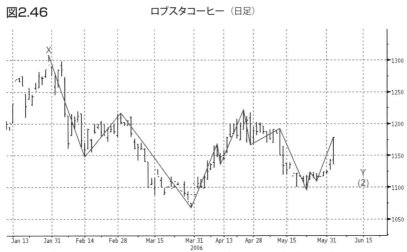

Chart reprinted with permission from Bloomberg. Copyright 2013 Bloomberg. L.P. All rights reserved.

図2.47

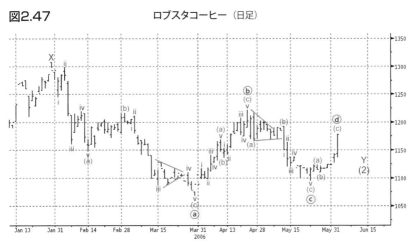

Chart reprinted with permission from Bloomberg. Copyright 2013 Bloomberg. L.P. All rights reserved.

ているように見ることができる。図2.47は、このトライアングルシナリオの詳しいカウントを示している。

　まだ進行中なのでトレードはせず、どんなパターンが展開されるの

92

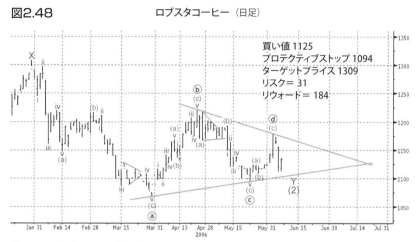

図2.48　ロブスタコーヒー（日足）

Chart reprinted with permission from Bloomberg. Copyright 2013 Bloomberg. L.P. All rights reserved.

か数日待つべきだろう。周知のように、収縮型トライアングルでは、E波はC波終点を超えることはない。ゆえに、小さなリスクで潜在的に大きな利益を狙える状況になっている。つまり、ⓔ波が展開するのを待ってロングポジションを取り、ⓒ波終点の1095よりも1ティック低いところにストップを置くのだ。このトレードのアイデアはトライアングルのあとのスラストの動きがインターミーディエイト(3)波のスタートとして起こることを想定してのものだ。

図2.48には、6月7日に向けての株価の動きが示されている。

この最新の下落はトライアングルの最後の波動であるⓔだろう。そうであれば、次には上昇の動きがあるはずだ。もし、Y波がトライアングルではなくてフラットとして展開しているとしたらどうだろう？　このケースでも、価格はフラットのB波でX波高値である1308まで上昇していくことだろう。

> メインのカウントと代替カウントが同じ方向を示している時こそ、最もトレードに有利な状況だ。

93

以上のことから、最近の日足のレンジの1136から1113の中でロング
ポジションを取ることにする。レンジの真ん中の1125なら約定できる
のではないかと思われる。プロテクティブストップはⓒ波終点よりも
１ティック低い1094に置く。ターゲットプライスとしては、Ｘ波高値
より１ティック高い1309に置く。Ｙ波がフラットになるシナリオにせ
よ、トライアングルからの急反発が(3)波になるシナリオにせよ、この
水準まではいくはずだ。この戦略はリスクが31ポイントで期待収益が
184となり、リスク・リウォード・レシオは６対１ということになる。

　ただし、『エリオット波動入門』によると、フラットが成立するため
のＢ波の条件は、Ａ波を最低90％リトレースすることとなっている。原
則としてＢ波はＡ波を100％リトレースするということだが、わずかに
未達になるケースも考えられるので、そのことにも留意しておこう。ま
た、トライアングルが成立して(3)波が発生した場合には、1309を大き
く超えて上昇する可能性もある。状況に応じて、ターゲットプライス
は柔軟に見直していこう。

　実行可能でもう少し保守的な戦略としては、ⓑ－ⓓラインを超えた
ことを確認してロングポジションを取るというものがある。トライア
ングル完成後に急反発が起きる可能性を考慮すると、ⓑ－ⓓラインよ
り２～３ティック上に逆指値を置く形の注文がよいのではないかと思
われる。

　この後に何が起きたのか、６月28日までの動きを見てみよう（**図
2.49**）。

　価格はⓑ－ⓓラインを超えて、トライアングルが終了したことと(3)
波による上昇トレンドが再開したことが示唆された。しかし、ここで
はさらにするべきことがある。ⓔ波終点より１ティック低いところに
プロテクティブストップを引き上げるために、ⓔの終点がどこなのか
を判断することだ。もしトライアングルが終わったのであれば、価格
はⓔ波終点を下回らないはずだ。ⓔ波終点を見極めることは、(3)波の

図2.49　ロブスタコーヒー（日足）

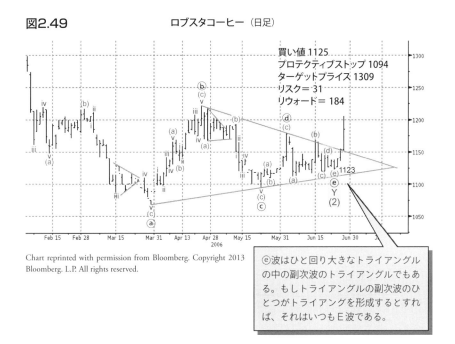

Chart reprinted with permission from Bloomberg. Copyright 2013 Bloomberg. L.P. All rights reserved.

ⓔ波はひと回り大きなトライアングルの中の副次波のトライアングルでもある。もしトライアングルの副次波のひとつがトライアングを形成するとすれば、それはいつもＥ波である。

インパルスを正確にカウントすることにも役立つ。

　以上のことから、ストップはⓔ波終点と思われる1123より1ティック低いところに置き、スタートしたと思われるインパルスの始点もこの1123とするべきたろう。さらに保守的なストップはⓑ－ⓓラインの真下だ。ここで注意すべきは、必ずしもⓑ－ⓓライン突破を待つ必要はないということ。すべては個々のリスク許容度次第だからだ。

　今度は7月7日までに何が起きたのかを見てみよう（**図2.50**）。

　価格はギャップアップして、トライアングルからのきれいな急反発の動きとなっている。このパターンは、その時点で、インターミーディエイト(3)波のマイナー波1波のⓘⓘⓘⓘⓥⓥというカウントにしている。ここでの高値は1327。まだ上昇する可能性もあったが、ターゲットをだいぶ超えてしまったことや、すでに5波動の上昇の形になって

95

図2.50

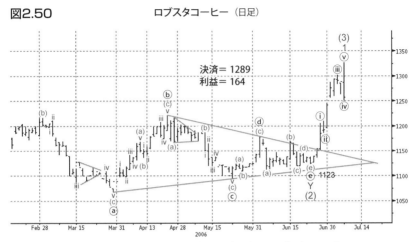

Chart reprinted with permission from Bloomberg. Copyright 2013 Bloomberg. L.P. All rights reserved.

いることを考えると、1327から1250のレンジでポジションを閉じるよいタイミングがきたのではないかと思えるところだ。このレンジの中間点は1289だが、そこで利益確定すれば164ポイントの利益となる。

その次にくるだろう値動きはマイナー2波の反転の動きであり、それはまた1289以下でふたたびロングポジションを取るチャンスを与えてくれるだろうと考えられる。

図2.51は、9月8日までの大まかな値動きを示したものだ。

Y波のトライアングルに続いてインターミーディエイト(3)波のインパルスが起こっている。(3)波の中では、マイナー2波が1149と十分に反落した。

以上の話をまとめよう。まず、3波動構成の波が複数連続するのを確認したことで、それは複合修正波であるかもしれないと気づくことができた。このようにして相場シナリオを絞り込むことができる。波動をカウントし、想定を続けることで、大きなトレンドに着眼しつづけることができる。そして、この事例では値動きを複合修正波とカウ

第2章　次のインパルスを狙うためのジグザグ、フラットでのトレード戦略

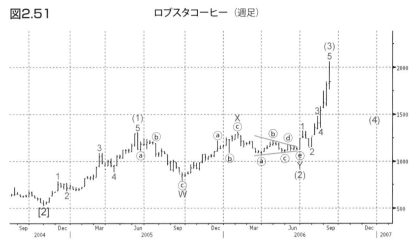

図2.51　ロブスタコーヒー（週足）

Chart reprinted with permission from Bloomberg. Copyright 2013 Bloomberg. L.P. All rights reserved.

ントすることによって、有効なストップの水準、エントリーポイント、ターゲットプライスなどを決めることができた。

［第2章　ジェフリー・ケネディ（CAT、TECH、オーストラリアドル）、ウェイン・ゴーマン（銀、ロブスタコーヒー）］

確認テスト

1. 単独のA－B－C構造を代表するものとして最適なのはどれか？
   (A) W－X－Y構造
   (B) W－X－Y－X－Z構造
   (C) X波
   (D) ジグザグ

2. 複合修正波の副次波として形成されるトライアングルに関して正確な説明は次のどれか？
   (A) トリプルスリーのY波やZ波に出現することがある
   (B) ダブルスリーのW波やX波に出現することがある
   (C) ダブルスリーのY波に出現することがある
   (D) X波にのみ出現する

3. プライマリー②波のオーソドックスな終点を含むのは次のどれか？
   (A) (W)波
   (B) トライアングルになった(Y)波のA波
   (C) トライアングルになった(Y)波のC波
   (D) 上のいずれでもない

4. 銀のトレードの事例で、ジグザグが終了したという強い証拠となるのは次のどれか？
   (A) 直前のインパルスを少なくとも38％リトレースした
   (B) 急激な下落に見える
   (C) ウォーレン・バフェットがそう言っていた
   (D) 銀価格がジグザグのチャネルの上値のトレンドラインを突

第2章　次のインパルスを狙うためのジグザグ、フラットでのトレード戦略

　　　破した

5．「ジグザグのＣ波の長さとして最も一般的なのは、Ａ波のフィボ
　　ナッチ比率である0.618倍だ」は○か×か？

6．ロブスタコーヒーの事例で、(2)波のカウントとしてダブルジグ
　　ザグの可能性を除外して考えたのはなぜか？
　　（Ａ）ダブルジグザグにおいて、Ｘ波はＷ波始点を超えることが
　　　　ないから
　　（Ｂ）2波において、Ｙ波はいつもトライアングルだから
　　（Ｃ）ダブルジグザグだと(1)波始点を超えてしまうから
　　（Ｄ）2波は通常横ばいの修正波になり、急こう配な修正波には
　　　　ならないから

7．「インパルスの5波は、必ずチャネルラインを超える」というの
　　は○か×か？

答え：1．D　2．C　3．D　4．D　5．×　6．A　7．×

99

第3章

次の値動きを狙いトライアングルを利用するトレード戦略

How a Triangle Positions You for the Next Move

　横向きの値動きと上下のトレンドラインの収縮の動きがそろうと、それはしばしばトライアングルになる。

トライアングルにおけるトレード①──金の事例

　トライアングルでのトレードのしかたを確認するのに、金（GCA）によるよい事例がある（**図3.1**）。

　2007年の終わり頃、金は収縮型トライアングルを形成した。11月から12月にかけて横ばいの値動きになっていることに加え、A波終点とC波終点を結んだトレンドラインとB波終点とD波終点を結んだトレンドラインが収縮していることなど、それがトライアングルであることを示していた。

　また、このチャートは、第1章「エリオット波動トレードの基本構造」で述べたトライアングルでのトレードのエントリーのガイドラインを説明するものとなっている。このガイドラインによると、トライアングルのD波終点（この事例では822.8）を超えたことを確認して買い、最初のプロテクティブストップはE波終点（この事例では788.1）に置く、ということになる。

　「価格が明らかにD波終点を超えている」ということを確認するため

101

図3.1

Chart reprinted with permission from Bloomberg. Copyright 2013 Bloomberg. L.P. All rights reserved.

に、逆指値を822.9ではなく825.0に置いて金先物ミニ5枚の買い注文を出すという形にする。このように、重要な水準よりも数ティック上や下に逆指値を置くことは、トレンド発生の確認が十分でないままでポジションを取ってしまうことを回避させてくれる。

トライアングルは単独の形では4波、B波、X波の位置に出現するということを思い出しほしい。とすると、図3.1のカウントとは別に、図3.2のようにA波の下落のあとにB波としてのトライアングルがきて、その後、C波の下落がくるという弱気の想定も可能になる。このあとの値動きがどうなるのかもう少し見てみるまでは、図3.2のような弱気シナリオも図3.1のような強気シナリオと同じくらい妥当性のあるもののように思われる。

弱気シナリオが正しかった場合でも、トライアングルのトレードに関する同じガイドラインを使う。しかし、この事例において、弱気シナリオの場合のB波とD波は価格的に接近しているので、ショートポジションにエントリーするポイントはB波終点の780.0を割り込んだと

第3章 次の値動きを狙いトライアングルを利用するトレード戦略

図3.2　　　　　　　　　　金ミニ（日足）

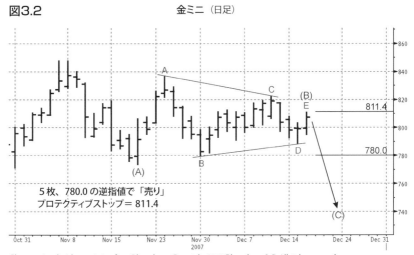

Chart reprinted with permission from Bloomberg. Copyright 2013 Bloomberg. L.P. All rights reserved.

ころとするのがベストの選択だろう。この場合のプロテクティブストップはE波終点と考えられる811.4となる。

　トライアングルにおける強気シナリオと弱気シナリオをまとめた**図3.3**は、一見すると紛らわしくて矛盾しているようにも思える。しかし、強気と弱気という正反対のシナリオを持つことは二重のトレードプランを可能にする。825.0を上回ったら強気なトレードプランが発動し、780.0を下回ったら弱気なトレードプランが発動することになる。

　低温殺菌法の発明者、ルイ・パスツールの名言「幸運は用意された心のみに宿る」の教えのとおり、買い戦略と売り戦略を同時に持てばマーケットの変化に対応できるようになり、マーケットが与えてくれるトレードチャンスから利益を得られる可能性が広がる。

　実際には、それから4営業日後に金価格が上昇して825.0を超えたところで買い戦略が発動することになった（**図3.4**）。なんと簡単なことだろう。するべきことといえば、ゆったり座って、マーケットが手の内を見せてくれるのを待ってトレードするだけだったのだから。予想

103

図3.3　金ミニ（日足）

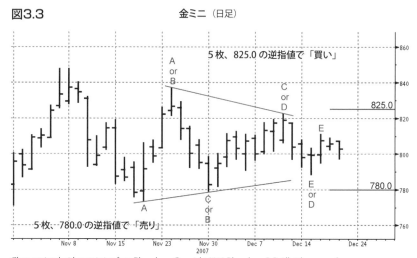

Chart reprinted with permission from Bloomberg. Copyright 2013 Bloomberg. L.P. All rights reserved.

図3.4　金ミニ（日足）

Chart reprinted with permission from Bloomberg. Copyright 2013 Bloomberg. L.P. All rights reserved.

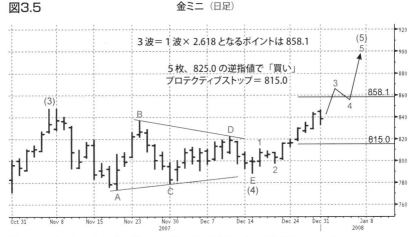

図3.5　金ミニ（日足）

Chart reprinted with permission from Bloomberg. Copyright 2013 Bloomberg. L.P. All rights reserved.

に頼ってトレードするよりも、「構えて、狙って、狙って、狙って、撃て！」のアプローチによるトレードをなぜ私が好むのか、この事例が明示してくれている。さらには、12月20日から26日にかけて起きた値動きによってストップを788.1から797.1に引き上げることで、リスクを減らすことができた（ポジションを取ったあとにトレーダーに求められる優先事項は、まずリスクを減らし、次にリスクをゼロにし、最後に利益を確保する、であることを思い出してほしい）。

> 買い戦略と売り戦略を同時に用意しておくことで、変化しつづける市場環境に適応し、金融市場がもたらすトレード機会を生かすことができる。

　その後の数日間も金価格は順調に上昇していった（**図3.5**）。金価格はすでに3波が1波の1.618倍になる水準の834.8を上回ってなお上昇の勢いが強かったので、次のフィボナッチ倍率である2.618倍に注目すべき状況になった。この事例において3波が1波の2.618倍になるのは858.1の水準だ。トライアングルのあとの値動きのターゲットプライスは、本来は「トライアングルの幅を計算して、それをE波終点に加え

105

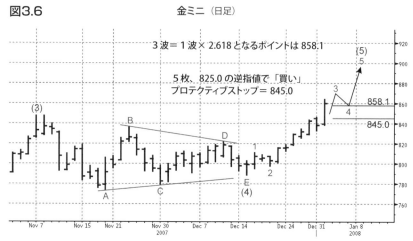

図3.6 金ミニ（日足）

Chart reprinted with permission from Bloomberg. Copyright 2013 Bloomberg. L.P. All rights reserved.

る」という形で計算するところだが（259ページ参照）、商品価格の5波動目は、延長するなど大きな値動きになることが多いため、このケースではより大きな値幅を想定できるフィボナッチ倍率を採用して計算することにした。

　価格の上昇に従い、積極的にストップを引き上げる形でリスク管理を行うべき状況となった。この事例ではストップを815.0に引き上げるべきところだ。

　1月2日に3波の目標としていた858.1まで価格が上昇した（**図3.6**）。この動きによって、ストップを815.0から一気に845.0まで引き上げることになる。3波はすでに1波の2.618倍の水準に達していたので、ここからの上昇余地は限定され、次に大きな動きがあるとすれば、それは4波による下落の可能性が高いと考えられる状況になった。とすると、ここで4波という修正局面を耐えて買いポジションを持続するのはよい選択ではないだろう。深い修正になるか、時間がかかる修正になる可能性があるからだ。それよりも、ここではストップを厳しく引き上

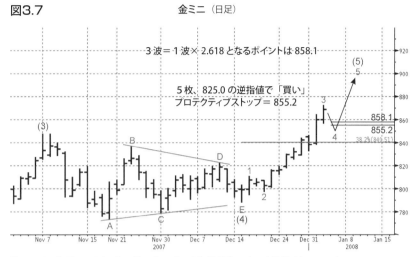

図3.7　金ミニ（日足）

Chart reprinted with permission from Bloomberg. Copyright 2013 Bloomberg. L.P. All rights reserved.

げて、十分な利益を確保するほうが正しい選択と言えるだろう。

　翌日の1日の動きを見ると、(5)波の3波は872.9でついに完了したように思われた。3波が終了したら、次にするべきことは4波終点のターゲットプライスを探すことだ。4波のリトレースメントのメドとして最も一般的なフィボナッチ比率は3波の0.382倍だ。これは、金価格が843.9近くまで下落しそうだということを意味する。以上のことから、ここでは利益を確保するためにプロテクティブストップを845.0から855.2に引き上げるべきだと考えられる（図3.7）。

　しかし、実際にはジグザグやフラットになるのではなく、フィボナッチ比率のサポートである843.0を試すのでもなく、収束型トライアングルを形成しながら次の週まで横向きの動きが続いた（図3.8）。

　ここで、トライアングルの最も重要な特徴を思い出そう——トライアングルはいつでもひと回り大きな波動の最後の副次波のひとつ前の副次波として4波やB波やX波の位置に出る。だとすると、出現した小さなトライアングルは、上昇トレンドもあと5波を残すだけとなっ

107

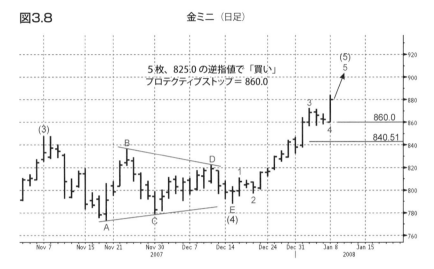

図3.8　金ミニ（日足）

Chart reprinted with permission from Bloomberg. Copyright 2013 Bloomberg. L.P. All rights reserved.

ており、より積極的にリスク管理をするべき時がきた、ということを示唆している。ゆえにストップを860.0よりさらに厳しくして875.0に引き上げるべき状況になったと言える（図3.9）。

　この後どうなったか、図3.10を見てみよう。1月9日に875.00に置いたストップに引っかかって、ここで利益確定ということになる。9営業日で金価格は6％以上の上昇となり、1枚当たり1660ドルという魅力的な利益となった。

　これは、リアルタイムでエリオット波動原理をどう使えばいいのかを示すものとして、私が気に入っている事例だ。何よりも「これは私が知っている波形なのか」という問いの威力を示してくれているからだ。第2章のテクネコーポレーションの項で述べたように、私はいつもトレードをする際にこの問いから始める。この金の事例を振り返るために図3.1をもう一度見て、「これは私が知っている波形なのか」と自問してみてほしい。きっと、「横向きの動きと上下トレンドラインの

第3章 次の値動きを狙いトライアングルを利用するトレード戦略

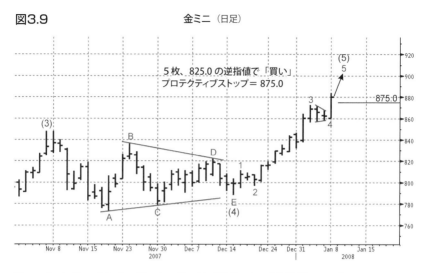

Chart reprinted with permission from Bloomberg. Copyright 2013 Bloomberg. L.P. All rights reserved.

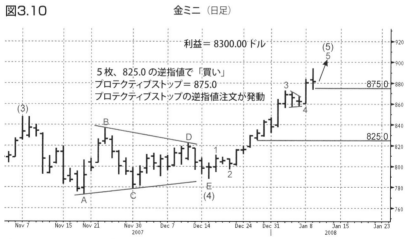

Chart reprinted with permission from Bloomberg. Copyright 2013 Bloomberg. L.P. All rights reserved.

109

収縮という特徴から見て、明らかに収縮型トライアングルである」という見解にきっと同意していただけるだろう。

私がこの事例が好きなもうひとつの理由は、マーケットの方向がどちらに向くかを最初から自信を持って見通すことは難しいからだ。この事例では強気と弱気の２つのシナリオが同じように有効なものとして存在した。その場合でも、エリオット波動原理はトレンドの方向に関係なく、二重のトレードプランを策定するのに役立ってくれる。これは、他のテクニカル分析にはないメリットである。

> 有効性が同等と思われる強気シナリオと弱気シナリオが併存してしまう場合でも、エリオット波動原理は二重のトレードプランを作ることに役立つ。それは他のテクニカル分析にはないメリットである。

トライアングルにおけるトレード②──デルの事例

インパルスの副次波の４波として出現するトライアングルは、５波の動きを狙ったトレードにエントリーする絶好のチャンスを与えてくれる。その際に難しい課題となるのはトライアングルがいつ完了したのかという見極めだが、2008年早々のデル（DELL）のケースにおいて、トライアングルをどのようにトレードすることができたのかを見ていこう。

図3.11の時点で、デル株は下向きのインパルスを展開しているところだ。

３月26日水曜日の時点で日足チャートを見ると、30.77から始まるインパルスの４波目までが確認できるし、その４波目は収縮型トライアングルが完成しているように見える。トライアングルは、いつもひと回り大きな波動を構成する最後のアクション波のひとつ前に出現する。そのため、トライアングルが完成しているのであれば、この地点から(v)波として急落する動きが想定できる。以上のことから、この日の朝

110

第3章 次の値動きを狙いトライアングルを利用するトレード戦略

図3.11　　　　　　　　デル社（日足）

Chart reprinted with permission from Bloomberg. Copyright 2013 Bloomberg. L.P. All rights reserved.

にトレードするとしたら、下向きの5波の動きを狙ってショートポジションを取ることが考えられる。では、(v)波終点のターゲットプライスについて、トライアングルのあとの値動きを予測する計算法を使って見積もる方法を見ていこう。

　a-cラインとb-dラインをもとの方向に伸ばして、a波の終点から垂直な線を引いて2本のトレンドラインを結ぶ（**図3.12**）。この垂直の線分の長さが、トライアングルの幅ということになる。このケースでは、こうしてはかったトライアングルの幅は3.03となる。次に、e波終点の20.81から3.03を差し引くと、(v)のターゲットプライスとして17.78という数値が得られる。

　(v)波終点のターゲットプライスの見積もり方としては、**図3.13**のようにチャネルを使う方法もある。

　その方法は、(ii)波と(iv)波の終点を結んで直線を引き、それと平行な直

> 4波のトライアングル形成後のスラストの目標値は、5波の目標値の最小値になると考えられる。この計算値を超えて価格が動いた場合、5波は延長するのが普通だ。

111

図3.12　　　　　　デル社（日足）

Chart reprinted with permission from Bloomberg. Copyright 2013 Bloomberg. L.P. All rights reserved.

線を(i)波終点から引く[10]。(iii)波終点から平行線を引くのが普通なのだが、この場合、(iii)波はかなり深くなってしまっているので、こうした場合は(i)波から平行線を引くほうがよいだろう［もし(v)波がチャネルラインを大きく割り込んでしまったら、その時は(iii)波から改めて平行線を引いて新しく(v)波終点の目標を見積もりなおす］。(v)波終点がチャネルラインの下値ライン上で終了するというのがインパルスとしては理想的な形と言える。

　次に、先ほど計算したトライアングル後のスラストのターゲットプライスである17.78をチャートの中に書き加えてみて、短期間の下落でチャネルの下値ラインあたりまでくるかどうかを確認してみる。そうなったとしたら、(v)波終点のよいターゲットプライスが得られることになる。しかし、トライアングルから急落して17.78となった位置はチャネルの真ん中あたりにしかならないので、目標としてはあまり有効とは言えない。

　デル株のショートポジションを取る前に、17.78という水準が(v)波の

第3章 次の値動きを狙いトライアングルを利用するトレード戦略

Chart reprinted with permission from Bloomberg. Copyright 2013 Bloomberg. L.P. All rights reserved.

終点の目標として有効だろうと言える他の根拠がやはりほしいところだ。(iii)波は延長しているようなので、(v)波の長さに関して２つの関係性に着目することができる。延長波というのは、長くなったインパルスのことだ。インパルスの副次波には３つのトレンド波（インパルスやダイアゴナル）が含まれているが、その中のひとつが他のトレンド波よりかなり大きなインパルスとなることがあり、そうした波を延長波という。その延長波の副次波にも３つのトレンド波が含まれるが、それらはその延長波と同じ階層の他の２つのトレンド波と同程度の大きさになる。このケースでは、(iii)波のⅰ波が(i)波とほとんど同じ大きさになっている。

波の均等性のガイドラインをここで当てはめると、(v)波が(i)波と等しくなるのが(v)波が15.50になった時だ。しかし、(v)波が(i)波の0.618倍である

> **波の均等性のガイドライン**は、「インパルスの副次波の１波か３波か５波のどれかが延長した場合、他の２つの波の大きさは同等かどちらかがどちらかの0.618倍というフィボナッチ比率の関係になりやすい」というものだ。

113

17.53になった時のほうが17.78に近い。

　したがって、デル株の(v)波のターゲットプライスとして、まずは17.78〜17.53の水準を考えておいて、この水準をはっきりと下回る動きになってきたら、その時は15.50をターゲットと考え、チャネルの下値ラインまで下落が続く様子を観察するのがよいと思われる。

　(v)波の下落を狙ってショートポジションを取るのであれば、**図3.13**の最新の日足である３月26日のレンジの真ん中の20.39で注文を出すとよいだろう。プロテクティブストップはトライアングルｃ波終点より１セント上の21.19に置くとよいだろう。

　リスク許容度に応じて、ｃ波終点ではなくてａ波終点の１セント上にプロテクティブストップを置いてもいいだろう。収縮型、あるいはバリア型トライアングルにおいては、Ｃ波の終点と想定したポイントを超える動きになるとその想定は無効になるが、トライアングルというカウントそのものを無効にすることはない。なぜなら、その場合でもトライアングルのＣ波が進行中であるという想定は成り立つからだ。ただし、Ａ波終点を超える動きになると、トライアングルそのものの想定が無効になってしまう。最初のターゲットプライスは17.78と17.53の中間地点の17.66とすると、このトレードのリスクは0.80でリウォードは2.73なので、リスク・リウォード・レシオは３対１を少し上回る。

　一般に、リスク許容度に応じてＢ－Ｄラインを突破するのを待ってからエントリーしてもよいとも思われるが、この場合には、エントリーポイントとターゲットプライスが近くなってしまうので、その戦略は有効とは言えない。

　図3.14を見ながら４月４日金曜日まで話を進めよう。

　この時点で価格はまだ横ばいの動きを続けており、トライアングルの形から抜け出す動きになっていない。実はチャネルの上値ラインを少し超えてしまい、やや警戒するべき状況になっていた。これは、(iv)波が想定しているところでは終わっていないということを意味してい

図3.14　　　　　　　　　　デル社（日足）

Chart reprinted with permission from Bloomberg. Copyright 2013 Bloomberg. L.P. All rights reserved.

る可能性があり、その場合には、チャネルラインを引きなおし、ストップも調整する必要があるからだ。また、全体的にカウントが間違っていたことを意味している可能性もあった。

この部分の値動きについて、時間足のバーチャートでもっと詳しく見てみよう（図3.15）。

> トライアングルの副次波は通常、そのひとつがジグザグの複合型（ダブルジグザグかトリプルジグザグ）かトライアングルになる。それがトライアングルの場合、それは通常E波となる。

e波は私たちが最初に想定した20.81で終わったのではなく、e波自体がトライアングルになっているように見える。

トライアングルであるe波のⒷ－Ⓓトレンドラインを割り込んだことは、トライアングルであるe波が20.30で終了し、それによってトライアングルである(iv)波が完成したことを強く示唆している。以上のようにe波がトライアングルとして完成したと判断すると、終点である20.30を上回るような反転の動きはその想定を破たんさせてしまうので見たくないところだ。この新しい値動きによって、ストップはeのⒺ

115

図3.15

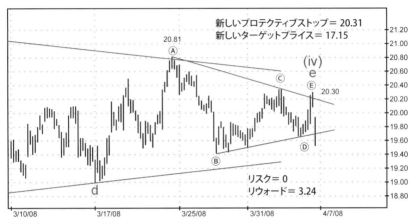

出所＝ Data Courtesy of TradeNavigator.com.

> トライアングルのＥ波がトライアングルとなった場合、その後のスラストの動きの目標値の計算は大きいほうのトライアングルに基づいて行おう。

波の終点より１セント高いところまで下げることができる。ｅ波は20.81ではなくて20.30で終わったように思われるので、ターゲットプライスも51セント下げて17.15へと修正することになる。では、その次の週に実際どのような動きが起きたのかを見てみよう。

　図3.16を見ると、トライアングルの終点からスタートして18.13まで下落した値動きは５波動とカウントすることができる。

　(v)のｖ波においては、上下のトレンドラインが収縮する形から見て、18.13に到達する直前に小さな４波のトライアングルが形成されているように思われる。この価格はターゲットプライスよりも約１ドル高い水準だったので、ここでは「(v)波がすべて完成したのか、まだ(v)波の１波目が完成したにすぎないのか」という点が問われるところだが、それは短期トレードの観点からすればさほど重要なことではない。ここで重要なのは、20.30からスタートしたインパルスが完了したのかどう

出所＝Data Courtesy of TradeNavigator.com.

か、ということだ。次の図から判断するための材料を探してみよう。

　図3.17が示すとおり、もし(v)のⅴ波が17.96で終わるとすると、そのⅴ波の大きさはⅰ波始点からⅲ波終点までの距離の0.618倍というフィボナッチ比率の基本的な比率になる。この計算からすると、17.96付近まで下落すれば、そこで(v)波か(v)波の最初の１波のどちらかが終了したという見方の裏付けとなるところであった。実際には18.13までしか下落せずに反転の動きとなった。しかし、その場合でもⅰ波始点からⅲ波終点までは1.77、ⅴ波は0.92であり、その比率は１対0.52となる。おおよそ0.5倍という比率だが、この0.5もフィボナッチ比率であり、やはり18.13で(v)波か(v)波の最初の１波のどちらかが終了したという見方の裏付けとなる。そして、**図3.18**で値動きを確認すると、(v)のチャネルの上値ラインを突破している。

　これは、20.30からスタートしたインパルスが18.13で終了したと判断するための証拠になる。このインパルスは(v)そのものかもしれないし、その副次波の１波目かもしれない。どちらにせよ、19.05をターゲット

117

図3.17　デル社（60分足）

出所 = Data Courtesy of TradeNavigator.com.

図3.18　デル社（60分足）

出所 = Data Courtesy of TradeNavigator.com.

　プライスとした上向きの修正波が始まった可能性が高いように思われるところだ。この19.05というのは、終了したと思われるインパルスの副次波の４波目の終点の水準だ。これは終了したと思われるインパル

図3.19　デル社（日足）

出所 = Data Courtesy of TradeNavigator.com.

スによる下落を0.382倍リトレースする水準の18.96ともほぼ一致する。

　ここでの戦略は、**図3.18**の最新の時間足の中間地点である18.48でショートポジションを閉じることだ。結果として、１株当たり1.91ドルの利益が得られることになった。そして次には、修正波の動きを観察して、次の下向きのアクション波に乗るためのエントリーのタイミングを探すことになる。もし、株価が20.30まで戻ってしまうとすれば、それは(v)波の終了と同時に30.77からスタートして続いていたインパルスの終了を確認することになる[11]。

　では、その後の値動きがどうなったか、**図3.19**を見てみよう。(v)波は18.13で終わり、その後に上向きの大きな修正波が続いているのが分かる。

　この事例の要点は、４波のトライアングルとその副次波を確認することで、株価の大きなトレンドの方向、エントリーのタイミング、ストップを置く水準、ターゲットプライスなどを見極めることができるようになる、ということだ。ショートのトレードはターゲットプライ

スには届かなかったが、別のエリオット波動のガイドラインを使うことにより適切なポイントでポジションを閉じることができた。

［第3章　ジェフリー・ケネディ（GCA）、ウェイン・ゴーマン（DELL）］

第3章　次の値動きを狙いトライアングルを利用するトレード戦略

確認テスト

1．収縮型トライアングルとバリア型トライアングルについて、次のどれが正しいか？
（A）E波は常にトライアングルになる
（B）E波終点は決してC波終点を超えない
（C）E波は時々推進波になる
（D）E波は常にA－Cトレンドライン上で終わる

2．次の文章は○か×か？
「トライアングルの動きになるということは、それよりもひと回り大きな波動のトレンドの方向にあともうひとつ推進波が展開するであろうことを示している」

3．デルの事例において、トライアングルのE波がB－Dトレンドラインを突破するということは、次のどの結論を示唆しているか？
（A）大きいほうのトライアングルの動きが終了した
（B）インパルスの動きが終了した
（C）小さいほうのトライアングルが継続中である
（D）E波はトライアングルではない

答え：1.B　2.○　3.A

121

第4章

ジグザグのC波に乗れ

Riding Wave C in a Zigzag

　ジグザグのC波はトレードの好機をもたらす。なぜならそれはメイントレンドの方向に動く5波動構造の波だからだ。C波はその波動の構成もはっきりと判断しやすい。メイントレンドの方向を向いている5波動構造のA波に続いて反トレンド波で3波動構造のB波が起こり、それに続いて起こる5波動構造の波がC波だからだ。以下の2つの事例は、ウェイン・ゴーマンが1998年に行ったトレードに関してのものだが、このパターンに目を付けてトレードすることがいかに威力のあることかを示している。

S&P500先物のジグザグC波トレードについて

　この項では、代替カウントを準備しておくことが、収益性の高いトレード戦略を組むことを邪魔するものではないということが分かるだろう。1月初旬のS&P500先物指数を研究していた時、1998年3月限の日足のバーチャートに興味深いものを見つけた（**図4.1**）。

　10月初旬にインパルスの(3)波が終点に到達し、いくつかの修正波がそれに続いているように思われた。メインのカウントが実現しなかった場合に備えて、代替カウントを探すのはよい習慣であり、この時、私は3つのカウントを考えた。メインカウントは、インターミーディエ

123

図4.1　S&P500（1998年3月限 日足）

ったが、これはA波が854.4で、またB波が1000.0でそれぞれ終了していて、C波はダブルジグザグを形成中という想定だった。エリオット波動のガイドラインに従えば、トライアングルを構成する波動はひとつ置きにフィボナッチ比率である0.618倍程度になるはずなので、C波は908.41で終了すると推測した。

　1つ目の代替カウントは、**図4.2**にあるように、すでに(4)波は終了していて、インターミーディエイト級(5)波が始まっているというものだ。これは、インターミーディエイト級(4)波は854.4で終点を迎えていて、(5)波の1波が1000.0で終わり、続く2波がダブルジグザグを形成中であるという想定だ。したがって、1000.0という高値から下落中の波動はトライアングルのC波かインパルスの2波のいずれであっても、それは修正波であり、a－b－c－x－a－b－c、またはⓌ－Ⓧ－Ⓨに細分化されるものだと考えられる。

　この代替カウントの価格ターゲットとして、2波は1波のフィボナ

第4章 ジグザグのC波に乗れ

図4.2　S&P500（1998年3月限 日足）

Chart reprinted with permission from Bloomberg. Copyright 2013 Bloomberg L.P. All rights reserved.

ッチ比率倍、なかでも0.618倍になるような深いリトレースをすることが多いことから、この2波は910.0で終わるだろうと考えた。

> 自分のメインの想定カウントが破たんした場合に備えて、代替カウントも用意しておくべきだ。

どうしてこれがメインカウントにならなかったかというと、このカウントでは(4)波が短すぎるように思えたからだ。1波もはっきりした5波動が確認できず、いくつかのジグザグで構成されているようであり、インパルスというよりは修正波のように見えた。それでもなお、マーケットがこの想定どおりに動いた時のための準備は必要だと考えていた。

ここで重要なことは、短期的にはどちらのシナリオでも、910付近という同じ価格レベルに近付いていくということだ。

どちらの波動カウントの場合でも、1000.0から下落が始まり（**図4.3**）、ⓨ波がⓦ波と同じ大きさになる927.4付近で終わるダブルジグザグとしてカウントした。もし、もっと下値があるとすれば、ⓨ波がⓦ波の1.618倍になる887.2をメドと考えた。

125

S&P500(1998年3月限 日足)

Chart reprinted with permission from Bloomberg. Copyright 2013 Bloomberg L.P. All rights reserved.

> ダブルジグザグについてのフィボナッチ比率関係のガイドラインは、単純なジグザグについてのガイドラインと似ている。ダブルジグザグにおいては、Ｙ波について最初はＷ波と同じ大きさを想定する。Ｙ波がそれより大きくなった場合には、Ｗ波の1.618倍の大きさを想定する。

　また、そうなる可能性は低いが２つ目の代替カウントがあることにも気付いた。シングルのジグザグとして下落方向に展開していく（トライアングルのＣ波あるいはインパルスの２波として）というものだ。それはジグザグのⓐ波が957.5で終わり、ⓑ波が992.50で拡大フラットとして完成したという想定になっている（図4.4）。

　このシナリオでは、ⓒ波は923.7でⓐ波の1.618倍の長さになる。このターゲットレベルには胸を躍らせるものがあった。メインカウントと２つの代替カウントを比較検討してみると、900台前半のエリアにはフィボナッチクラスター*が形成されていることに気付いたからだ。この

＊フィボナッチクラスター　フィボナッチ比率から計算されるターゲットプライスが近い範囲に集まっている状態。267ページ参照。

第4章 ジグザグのC波に乗れ

図4.4　S&P500（1998年3月限 日足）

Chart reprinted with permission from Bloomberg. Copyright 2013 Bloomberg L.P. All rights reserved.

ことによって自分のカウントに自信がついた。なぜなら株価が927から908のあいだのどこかに届く可能性が大きくなったと言えたからだ。

　1月8日の朝、私はダブルジグザグの2番目のジグザグ全部、あるいは一部を捉えようとS&P先物指数をショートすることを決めた。エントリーとエグジットのポイントを決めるため、私はよく15分足や30分足といった短い時間軸のバーチャートを使って研究している。

　15分足チャートでは（**図4.5**）3月限のS&P指数先物はダブルジグザグの2番目のジグザグの(c)波のⅰ波からⅳ波までがすでに完成していて、ⅴ波が進行中だった。インパルスに関するガイドラインの中でも強いガイドラインによれば、4波は2波とは重ならないので、ⅳ波がⅱ波と重なっていることが気に入らなかったが、ⅳ波はⅰ波とは重なっておらず、私はトレードを進めることにした。普段はこのような短い時間枠の中の終点付近でのトレードはやらないのだが、マーケットはターゲットプライスよりかなり上の965付近で動いていたので第5波が延長するかもしれないと考えたのだ。私のトレードプランは全部

127

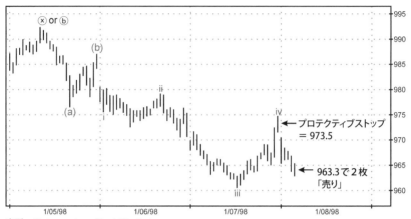

図4.5　S&P500（1998年3月限 15分足）

出所 = Data courtesy TradeNavigator.com.

で6枚のショートポジション（S&P指数先物ラージ）を作ることだった。このようなポジションを構築するために、私はまず973.5にプロテクティブストップを置いて963.3で2枚売り建てた。もしマーケットが上昇すれば、それをチャンスと捉え、さらに高い価格でもっと売っていこうと思った。

　プロテクティブストップについての考えは以下のとおり（図4.6）——974.8というiv波の天井からの波動カウントはまだはっきりしていなかったが、この最初の下落波動のリトレース率が78.6％を超えて株価が972.2になることはないだろうと考えた。そこで私はストップをそのリトレースレベルより少し高い973.5に置いたのだ。保守的に、私は最初のターゲットをⓨ波がⓦ波と同じ大きさになる927.4に置いたが、910付近まで下落する可能性があることも常に心に留めていた。

　幸いにもマーケットは上昇し、あと2枚の売り玉を969.0に建てることができた（図4.7）。

　ここまでのトレードは以下のとおり——4枚の売り玉は平均966.2で、

128

第4章　ジグザグのC波に乗れ

図4.6　　　　　S&P500（1998年3月限15分足）

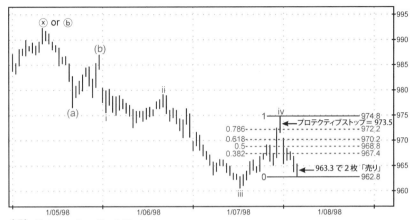

出所＝Data courtesy TradeNavigator.com.

図4.7　　　　　S&P500（1998年3月限15分足）

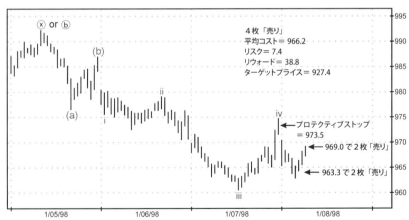

出所＝Data courtesy TradeNavigator.com.

129

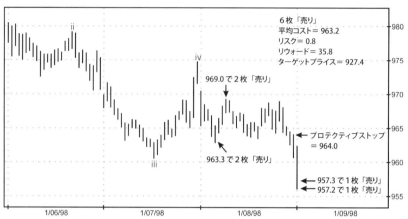

図4.8　S&P500（1998年3月限 15分足）

出所 = Data courtesy TradeNavigator.com.

リスク・リウォード・レシオが5対1という素晴らしいものだったが、そこでポジションの追加を止めるつもりはなかった。

しばらく横ばいの動きが続いた後、1月9日の朝には**図4.8**で示したように明確に下放れしていった。私はすぐにポジションを追加することを決め、957.3と957.2にショートポジションを建てた。その結果、平均963.2の売り玉を6枚持つことになった（**図4.9**）。

> マーケットの動きが想定とは逆に行ってしまっている時には、ポジションを増やすことは感情的には難しいことだろう。しかし、このトレード戦術は自分の予測モデルを信頼することが必須であり、そのことによってポジションを増やしていくのだ。

エリオット波動理論に照らし合わせながら、よいきっかけがあれば、私はポジションの平均価格近く、あるいはより有利な位置にストップを置くようにした。この時は次の2つの理由から964.0にストップ位置を下げていった。1つ目の理由は、969.0はⅴ波の②波の終点に見えるダブルトップ（969.3と969.0）であること。2つ目の理由は、956.0と

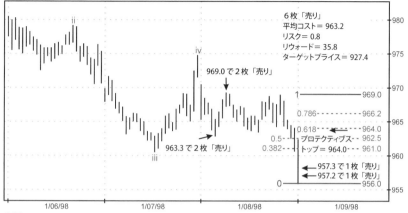

図4.9　　　　　　　S&P500（1998年3月限 15分足）

出所＝ Data courtesy TradeNavigator.com.

いうかなり低い位置にいることを考えれば、ⅴ波の③波の一部に該当するであろう969.0から956.0までの下落波動を0.618倍リトレースした位置にある964.0を超えるような動きは許容できなかったからだ（実際、964.0より1ティック遠くにストップを置くべきだったが、幸運にもこうした小さな見落としのために失敗することはなかった）。

　この時点では、潜在リウォードは35.8であるにもかかわらず、潜在リスクはほぼゼロ（実際には0.8）だった。ターゲットプライスはまだ927.4だった。**図4.10**は、その日の午後、どれだけマーケットが下落したのかを示している。

　S&P先物指数は937.0の新安値を付けたあと、943.5まで反発した。1月9日は金曜日だったので、ここでトレードを手仕舞うべきか、週をまたいで持ち越すべきか悩むところだった。マーケットはまだ当初のターゲットには到達していなかったが、私は942.0でポジションを閉じることに決めた。なぜか？　第一に、その時点で3万1775ドルもの含み益があったので大きなポジションを抱えたまま週末を過ごしたくは

131

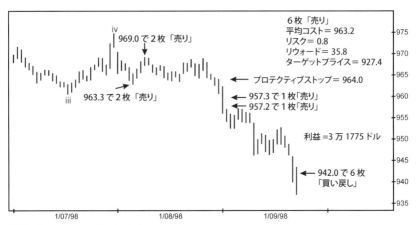

図4.10　　　　　S&P500（1998年3月限 15分足）

出所＝Data courtesy TradeNavigator.com.

なかったのだ。そして第二に、**図4.2**と**図4.3**を改めて見てみれば分かるとおり、935.0と944.0のあいだには重要なサポートがあることが見えていたからだ。もし、マーケットが上昇すれば高い位置からポジションを再開することができる。この時、私が考えたことは次のとおりだ――1波（もしくはA波）を0.382倍リトレースすれば944.4だ。ⓦ波の(c)波は934.9で終わっていたし、ⓧ波の(b)波は941.5で終わっていた。

　図4.11は、私がポジションを942.0で閉じたあとに何が起きたかを示している。マーケットは金曜日にさらに下がりつづけ、927.4を割り込み926.0まで落ちていった。1月12日月曜日、マーケットは開始直後に、フィボナッチクラスターの中間地点付近である917.7という新安値を付けると、すぐに急反発して940.0のレベルまで回復した。

　正しく分析していたにもかかわらず、残りの動きの部分の利益を取り逃がしてしまったことが私は歯がゆかった。冷静さを失った私は、ふたたび908から910付近までの下落を期待して上昇中のマーケットに売り向かっていった。感情に支配される中で、波動のパターンはまだⅴ

第4章　ジグザグのC波に乗れ

図4.11　　　　　S&P500（1998年3月限 15分足）

出所＝Data courtesy TradeNavigator.com.

波の④波であると考えてしまったのだが、実際は④波も⑤波もすでに終わっていたのだ。合理性とエリオット波動の組み合わせは上手く機能するが、根拠のない感情的な行動は機能しない。

> トレンドが生じている間、正味の下落幅（また上昇幅）は、トレンド内の下落の動きの合計（上昇の動きの合計）よりも大きくならない。トレードの利益を最大化するためには、反トレンドの動きも利用して上手く売り買いするとよい。

　その結果はどうなったのか？　私は1万7650ドルの含み損になったところで損切りして、利益を1万4125ドルまで減らしてしまった。C波は実際には917.7で終わっていたが、私は（**図4.12**が示すように）トライアングルで進行していた(4)波の中の上昇D波でトレードしてしまっていたのだ。

● このトレードから得た教訓──波動原理に従ってトレードしている時でさえ、感情に負けてしまうことがある。私は自分の波動分析に

133

Chart reprinted with permission from Bloomberg. Copyright 2013 Bloomberg L.P. All rights reserved.

基づいた有効なトレード情報を持っていた。メインカウントと代替カウントの両方が、同じ株価ターゲットと同じ売買判断を示していたのだ。しかし、自分が最後の下落の動きに乗れないまま、Ｃ波が想定していた目標の近くに到達すると、私は感情をコントロールできなくなってしまった。トレードにおいて、時として最大の挑戦とはエリオット波動のパターンを理解することではなく、自分自身を理解することであると言える。

インパルスの３波の３波をトレードする──米国債先物の事例

　次の事例では、インパルスの３波の３波がいかにトレーダーの"良き友"になりうるかについて示していきたい。当時、私は銀先物やS&P指数先物だけでなく、米国債先物についても着目していたが、1998年２月の後半、ジグザグのＣ波で上手いトレードができるもうひとつの

図4.13　米国30年国債先物（週足つなぎ足）

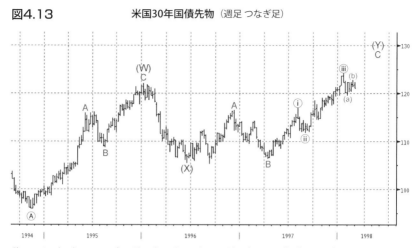

Chart reprinted with permission from Bloomberg. Copyright 2013 Bloomberg L.P. All rights reserved.

機会を見つけた。**図4.13**は1998年2月23日までの債券先物の週足つなぎチャートだが、ダブルスリーの終盤において(Y)波がフラットとして完成しようとしている様子を表している。

　(Y)波の中で、C波はインパルスを形成していて、その副次波の(ⅳ)波がジグザグとして展開しているように見える。日足チャート（**図4.14**）を使い、インパルスにチャネルを引くと、(ⅳ)波のジグザグの(a)波と(b)波がはっきりと見えてきた。

　(a)波は119.16でトレンドラインの下限に接し、(ⅲ)波をほぼぴったり38.2％リトレースしていた。チャネルに従えば、(c)波を空売りすることもできたが、買い持ちでいるほうがいいトレードになりそうだった（**図4.15**）。

　最初の下落は修正波が完成するには小さすぎるようでもあり、またそれはインパルスの形をしているようにも見えた。それら2つのことから、私はその下落波動がジグザグの(a)波であることにほぼ間違いないだろうという確証を得た。

図4.14 　　　米国30年国債先物（1998年3月限 日足）

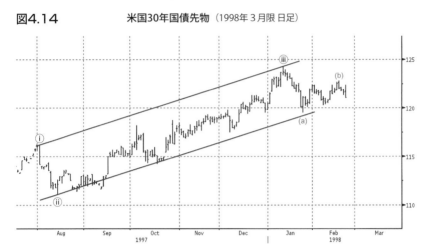

Chart reprinted with permission from Bloomberg. Copyright 2013 Bloomberg L.P. All rights reserved.

図4.15 　　　米国30年国債先物（1998年3月限 日足）

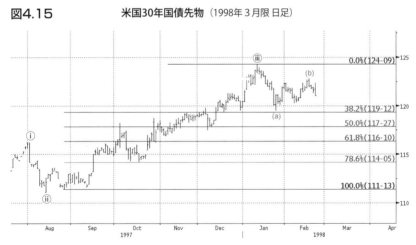

Chart reprinted with permission from Bloomberg. Copyright 2013 Bloomberg L.P. All rights reserved.

図4.16　米国30年国債先物（1998年3月限 日足）

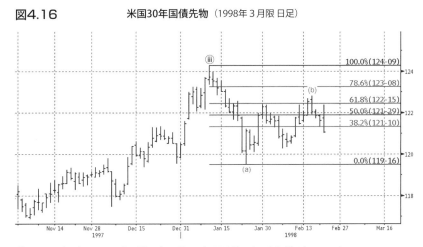

Chart reprinted with permission from Bloomberg. Copyright 2013 Bloomberg L.P. All rights reserved.

　一方、(a)波を61.8％以上リトレースした122.26で(b)波がジグザグを完成したように思われた（**図4.16**）。したがって、私は(c)波の下落を狙って1998年3限月の債券先物を売り建てることにした。ターゲットプライスはジグザグの(c)波が(a)波と同じ大きさになる118.01に設定した（**図4.17**）。

> ジグザグのA波とC波はいつも5波動構成である。

> ジグザグのC波の大きさの目安としては、まず「A波と同等」になることを想定しよう。

　ジグザグのチャネルという観点から見ても、チャネル下限である118.01まで落ちるというのは理にかなっているように思えた。

　2月24日の朝の価格推移を注視していると（**図4.18**）、インパルスとして進行している(c)波の副次波1波と2波を捉えることができた。ということは、債券先物はまさに3波の3波へと突入しようとしていたのだ。3波の3波というのはインパルスの中で最も強力な波動なので、私はただちに121.02で1998年3限月を25枚売り建てた。

図4.17　米国30年国債先物（1998年3月限 日足）

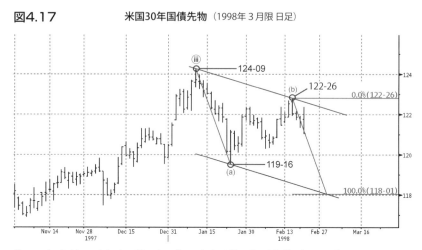

Chart reprinted with permission from Bloomberg. Copyright 2013 Bloomberg L.P. All rights reserved.

図4.18　米国30年国債先物（1998年3月限 15分足）

出所 = Data courtesy TradeNavigator.com.

138

図4.19　米国30年国債先物（1998年3月限15分足）

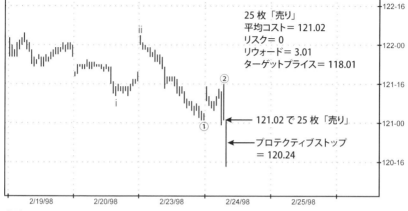

出所＝Data courtesy TradeNavigator.com.

　正直、私はせっかちなので、最初にストップを設定することを忘れてしまっていた。幸いにも、次の15分のあいだにマーケットは0.5ポイントも下がってくれた（**図4.19**）――素早い決断ができた時はインパルスの3波の3波が好きになれるだろう。

　そのおかげで、利益が確保される120.24という50％リトレースポイントにストップを置く余裕が与えられた（**図4.20**）。実際には、それよりほんの少し上にストップを置くべきだった。

> 有効なトレードプランというのは、注意深く選んだエントリーポイント、プロテクティブストップ、ターゲットプライス、好ましいリスク・リウォード・レシオ、代替カウントをすべてそろえたものだ。

　図4.21は、3波の3波でマーケットがさらに安値を付けたあと、横ばいの動きになっていった様子を示している。その日の場の終盤で、私はポジションを持ち越さないことに決めたので、120.13で25枚を買い戻し、1万6406ドルの利益を上げた。

　その日、インパルスは**図4.22**のように終点に到達した。

139

図4.20 米国30年国債先物（1998年3月限 15分足）

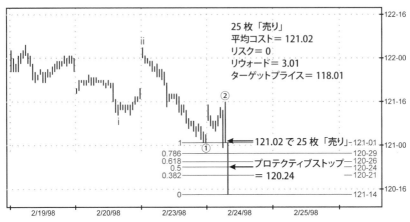

出所＝Data courtesy TradeNavigator.com.

図4.21 米国30年国債先物（1998年3月限 15分足）

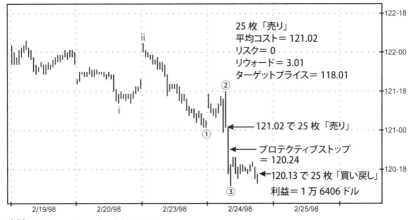

出所＝Data courtesy TradeNavigator.com.

　同じ年の６月以前を振り返ってみると（**図4.23**）、私が実はダブルジグザグで進行していたⓘⓥ波の最初のジグザグの副次波ｃ波でトレードしていたことが分かる。

140

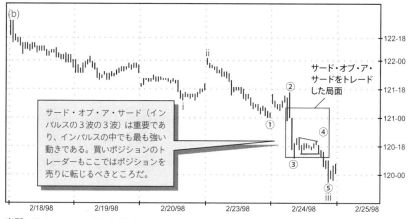

図4.22　米国30年国債先物（1998年3月限 15分足）

出所＝Data courtesy TradeNavigator.com.

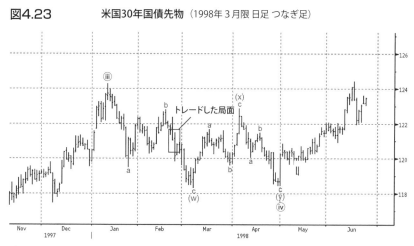

図4.23　米国30年国債先物（1998年3月限 日足 つなぎ足）

Chart reprinted with permission from Bloomberg. Copyright 2013 Bloomberg L.P. All rights reserved.

　債券先物はその後118.23まで下がっていった。最も急激な下落が③波の(3)波で起こったことに注目してほしい（**図4.24**）　※このチャートでは、ダブルジグザグのカウントを入れるためにディグリー記号を

図4.24　米国30年国債先物（1998年3月限 15分足）

出所 = Data courtesy TradeNavigator.com.

調整している。

　恥ずかしながら打ち明けると、マーケットはダイアゴナルとして進行した⑤波において波乱の様相を呈し、何日間も行ったり来たりの動きになった。私は、それまでのトレードで簡単に儲かっていたことに油断していたし――また、最終的なターゲットプライスが否定されることが嫌で――頑なにこのマーケットを売りで勝負してきたのだ。結局、その場面は⑤波の(1)波中盤や⑤波の(2)波であることが判明して、私はその両方の場面で損切りさせられ、総損失が1万938ドルになってしまった。しかし、インパルスの3波の3波のおかげで、合計損益がプラスのままトレードを終えることができた。それは、当該月の債券トレードでは最も上手くいったうちのひとつだった。

[第4章　ウェイン・ゴーマン（S&P500、米国30年国債先物）]

第4章　ジグザグのC波に乗れ

確認テスト

1．代替カウントを準備することはどれくらい重要か？
　（A）初心者の時は重要だが、チャートを読むことに慣れてくれ
　　　　ばそれほどでもない
　（B）とても重要。なぜなら、代替カウントが正しいことが普通
　　　　だから
　（C）実際にはそれほど重要でも必要でもない
　（D）重要。なぜなら、メインカウントが破綻した時の対応策を
　　　　提示してくれるから

2．次の文章は○か×か？
　「ジグザグのC波が進行中にマーケットが予想と反対方向に行っ
　た時はポジションを増やすべきではない」

3．ダブルジグザグのY波の大きさのメインの想定として最も適切
　　なのはどれか？
　（A）W波と同じ大きさ
　（B）W波の0.618倍
　（C）X波と同じ大きさ
　（D）W波の2.618倍

4．ジグザグやフラットのC波でトレードするのが有利なのはなぜ
　　か？
　（A）いつも速いスピードで下落していくから
　（B）さらなる利益のチャンスを与えてくれる延長波だから
　（C）メイントレンドに沿った5波動構成の波動だから
　（D）A波より常に大きいという利点があるから

143

5．次の文章は○か×か？
　　ジグザグにおいて、C波は普通A波と同じ大きさになる。

答え：1.D　2.×　3.A　4.C　5.○

第5章

エンディングダイアゴナルは急角度の反転を狙ってトレードしよう

Using Ending Diagonals to Trade Swift and Sharp Reversals

エンディングダイアゴナルに続いて速くて急角度の反転の動きが起きる——それは素晴らしいトレードの機会を生み出す。

エンディングダイアゴナルにおけるトレード——ダウの事例

エキサイティングなトレードができるエリオット波動のパターンがあるとすれば、それはエンディングダイアゴナルだろう。初心者はすぐにこのパターンが出るものだと期待してしまうのだが、滅多に出ない波動パターンだ。しかし、ひとたびこのパターンが出た時はタイトなストップを設定することができるので、失敗してもたいした損にはならない。波動の終点を意味するこのエンディングダイアゴナルというパターンは、インパルスの5波かA－B－C波形のC波の位置に出現する。エンディングダイアゴナルが終点に到達したら、速くて急角度の価格反転に備えよう。私がエンディングダイアゴナルのパターンが好きなのは、その後に起きるこの急反転の動きがあるからだ。ここで私が述べていることは、次の2枚のチャート——1998年4月からのダウ平均株価（DJIA）1時間足チャート（**図5.1**と**図5.2**）を見れば理解できるだろう。

145

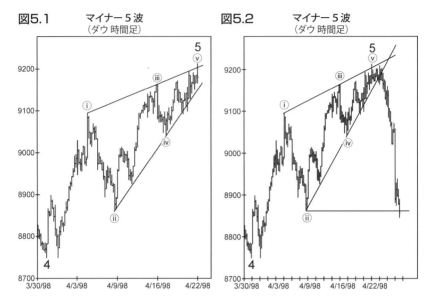

出所=Chart courtesy Elliott Wave International.

> エンディングダイアゴナルはインパルスの5波、あるいはフラットやジグザグのC波として形成される。

　第1章の「エリオット波動トレードの基本構造」では、このパターンで有効な3種類のトレード方法を、保守的なものからきわめて攻撃的なものまで並べて述べた。きわめて攻撃的なトレードテクニックは、エンディングダイアゴナルを構成する副次波は、あとになるにつれてどんどん小さくなるという考えに基づいている。この特徴を利用することで、トレーダーは5波が3波より大きくなってしまうポイントにプロテクティブストップを置きつつ、5波が展開する中でポジションを持つことが可能になる。

　きわめて攻撃的なトレード手法をこのダウ1時間足チャート（**図5.3**）に適用するとすれば、トレーダーはⓥ波が9041.9をボトムに展開している最中に売り建てし、9344.8にプロテクティブストップを置け

第5章　エンディングダイアゴナルは急角度の反転を狙ってトレードしよう

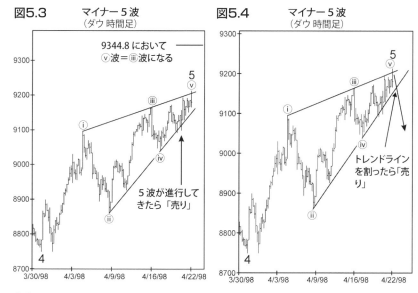

出所＝Chart courtesy Elliott Wave International.

ばよい。この9344.8は、ⓥ波がⅲ波より大きくなってしまう価格水準であり、そこを超えてしまえばエンディングダイアゴナルが否定され、違った波形を形成中だということになる。価格がどこまで動いたら自分の分析は間違いだと判断できるのか？　波動原理にはそのポイントをトレーダーが正確に知ることができるという利点がある。

　もう少し保守的なエンディングダイアゴナルにおける手法では、2波終点と4波終点を結んだトレンドラインを明確に割り込むのを待つことになる。ダウのチャート（**図5.4**）によれば、それは翌日の4月23日に起きた。

> エリオット波動原理は、トレーダーに「価格がここまで動いたら自分の分析が間違いだ」と認識できる水準を教えてくれる。エンディングダイアゴナルに関するガイドラインはその典型例だ。

　最も保守的なエンディングダイアゴナルにおけるトレード手法は、4波の終点を割り込むのを待ってからエントリーするやり方だ。**図5.5**

147

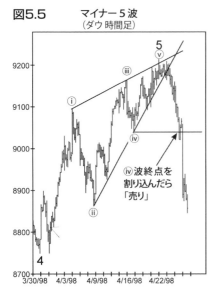

図5.5 マイナー5波
（ダウ 時間足）

出所 = Chart courtesy Elliott Wave International.

では、4月24日にダウがⅳ波の終点を超えたことが分かる。

> 上向きのエンディングダイアゴナルにおける保守的なトレード手法は「4波の終点を割り込んでからエントリーする」というものだ。

攻撃的な手法はある種の気質の人たちにとっては魅力的に感じるだろうし、実際にエントリーポイント近くにストップを置くことができるという優位性がある。一方、値動きをじっくり見極めてトレードする保守的な手法では、マーケットの天井や底を捉えようとするのを避けることができるし、推測ではなく裏付けとなる値動きをきちんと確認することによってトレードの意思決定ができるという点がメリットだ。

どのようなトレード手法を取るにせよ、エンディングダイアゴナルを探す価値はある。なぜならエンディングダイアゴナルは見分けるのが簡単であり、信頼性の高いトレード戦略を提供してくれるからだ。今

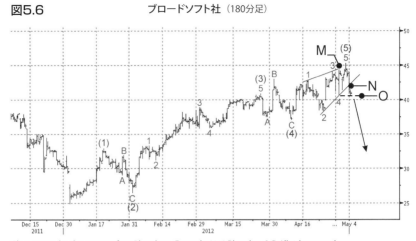

図5.6 ブロードソフト社（180分足）

Chart reprinted with permission from Bloomberg. Copyright 2013 Bloomberg L.P. All rights reserved.

回の事例では、この波動を終結させるパターンであるエンディングダイアゴナルに気付くことで、350ポイントもの下落を想定することへと導いてくれた。攻撃的でも、保守的であっても、エンディングダイアゴナルのトレード戦略は、収益性がある手法と言えるだろう。

> エンディングダイアゴナルにおける少し攻撃的なトレード戦略は、「2波と4波の終点を結んだトレンドラインを突破するのを待ってエントリーする」というものだ。

エンディングダイアゴナルにおけるトレード――ブロードソフトの事例

　今度は図5.6のブロードソフト（BSFT）の例を見ていこう。この事例では、5波がエンディングダイアゴナルになっていて、その後、急角度の反転の動きとなっている。このエンディングダイアゴナルで攻撃的なトレードを仕掛けるためには、トレーダーは5波が進行中にブ

149

図5.7

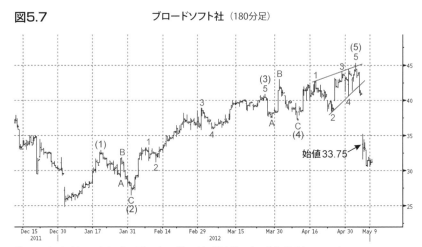

Chart reprinted with permission from Bloomberg. Copyright 2013 Bloomberg L.P. All rights reserved.

ロードソフト株を売り建てすることになる（**図5.6のM**）。この場合のプロテクティブストップは5波が3波より大きくなってしまう価格46.43ドルに置く。

それほど攻撃的ではないトレード手法では2波終点と4波終点を結んだトレンドラインを割ってくるのを待つことになる（**図中N**）。ブロードソフト株は2012年5月4日にその水準を通過したので、

> 攻撃的なトレード手法か保守的なトレード手法かに関係なく、エンディングダイアゴナルは注目する価値がある――簡単に判別しやすい波形であり、信頼度の高いトレードチャンスを与えてくれるからだ。

41.00ドルという安値付近でエントリーできたということになる。このトレードのプロテクティブストップは、エンディングダイアゴナルの終点である45.32ドルになる。

図5.7が示すとおり、保守的な手法では、ギャップのためにエントリーのチャンスを逃してしまった。5月5日金曜日の安値は40.65ドルで、4波終点の40.62ドルよりも3セント高かった。翌月曜日の朝には

図5.8

Chart reprinted with permission from Bloomberg. Copyright 2013 Bloomberg L.P. All rights reserved.

ギャップダウンして17％以上も安い33.75ドルで寄り付いた。つまり、保守的なエントリー手法ではトレードの機会を完全に失うことになった。何しろ40.62ドルという価格での取引は一瞬もなかったのだから。いずれにしても、BSFTのチャートはエンディングダイアゴナルに続いて急角度の価格反転が起きることをよく表している。

Ｃ波エンディングダイアゴナルにおけるトレード──テック・リソーシズの事例

　さて、今度はＡ－Ｂ－Ｃフォーメーションのｃ波エンディングダイアゴナルにおけるトレードのしかたを、私の経験をもとに説明する。2012年の３月から４月にかけてのテック・リソーシズ（TCK）は拡大型フラットを形成しており、その(c)波はエンディングダイアゴナルとして進行していた（図5.8）。この段階で波動パターンを正確に見極めたとするならば、３波終点の37.97ドルをわずかに超える新高値を付け

151

Chart reprinted with permission from Bloomberg. Copyright 2013 Bloomberg L.P. All rights reserved.

たあとで急激な価格反転が起きる、と想定できただろう。この場合、株価は(c)波の始点である33.61ドルを下回っていくはずだ。

　2012年5月2日、テック株は3波終点をわずかに超えて新高値を付けた（**図5.9**）。その時点で、エンディングダイアゴナル完成に必要な最低限の条件はそろっていて、大きな株価の下落を待つ段階に入っていた。このシナリオでトレードを成功させるために、私は修正した「エンディングダイアゴナルでのエントリー手法」を用いることにした。

　つまり、5波進行中に売りはじめたり、2－4ラインを割ったタイミングでエントリーするのではなく、36.94ドルで5波のⓑ波終点を割り込んだその時、小さくショートポジションを持つことにしたのだ。このトレード手法はやや攻撃的ではあるが、直前の下落の安値を下回る動きをエントリーのサインとするので、トレンド転換を示す値動きを確認することができる。さらに、早すぎるエントリーというリスクを相殺するために小さなポジションしか持たなかった。

　36.94ドルでエントリーした時の最初のプロテクティブストップはそ

図5.10

Chart reprinted with permission from Bloomberg. Copyright 2013 Bloomberg L.P. All rights reserved.

れまでの高値である38.09ドルに置いた（図5.10）。最低限の目標の33.61ドルに達した場合でさえ、ここでのリスク・リウォード・レシオは許容範囲内の3対1だった。

> 早くエントリーしすぎるリスクを相殺するには、その時のポジションを小さくすることだ。

　この時、図5.11が示すとおり、株価が35.13ドルを割った段階であと100枚売り増しをすると決めていた。第1章で述べたようなエンディングダイアゴナルの4波終点を割った時点でエントリーするという、より保守的な戦略を使うことにしたのだ。

　5月4日、第2弾の売り注文が発動された。それによって、平均売りコスト35.73ドル計150枚のテック株のショートポジションが完成した（図5.12）。第1弾の売り建てのあと、私は38.09ドルにプロテクティブストップを置いていた。そして100枚の売りを追加し、プロテクティブストップを進行中の波動の2波終点の37.17ドルに引き下げた。

　4日後の5月8日、テック株はエンディングダイアゴナル始点の33.61ドルを割り込んだ（図5.13）。このトレードにおける最低限の目標に

図5.11

Chart reprinted with permission from Bloomberg. Copyright 2013 Bloomberg L.P. All rights reserved.

図5.12

Chart reprinted with permission from Bloomberg. Copyright 2013 Bloomberg L.P. All rights reserved.

到達したので、私は思い切ってプロテクティブストップを34.00ドルまで下げていった。プロテクティブストップを下げている時、38.09ドルから32.67ドルまでを下向きの5波動とカウントすることができると考

第5章 エンディングダイアゴナルは急角度の反転を狙ってトレードしよう

図5.13

図5.14

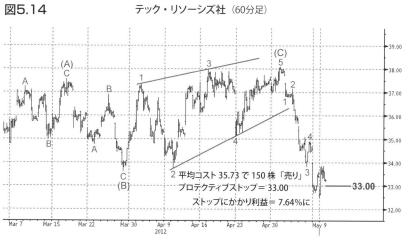

えた。5波動による急落がはっきりと出現したので、そこから短期的に想定される下落幅は限られており、その後は上昇の動きがくるだろうということが想定されるところであった。

155

翌日（**図5.14**）、私はリスクを減らし含み益を守るためにストップを34ドルから33ドルに下げた。5月9日の終盤、テック株は33ドルを上抜けストップに引っかかった。結果、株価としては2.37ドルの下落、率にして7.64％の下げとなった。たった6日間のトレードとしては悪いリターンではない。

エンディングダイアゴナルにおけるトレード──ユーロの事例

2008年4月、外国為替市場におけるユーロの対米ドル相場で興味深い状況が展開していた。直近の先物取引でユーロは2000年10月に安値0.8245を付けて以来の高値を次々に更新していたのだ。この相場がいつ終焉を迎えるのかを知る方法はあるだろうか？　エリオット波動なら答えが出せる。ユーロ相場の2つの異なる階層に出現したエンディングダイアゴナルは、記録的な高値において2つの重要な売りサインとなるものであった。最初から順を追って説明しよう。

2008年4月22日のユーロ先物の日足つなぎ足チャート（**図5.15**）を見ると、(ⅰ)波、(ⅱ)波、(ⅲ)波というはっきりした上昇の動きが確認できる。(ⅲ)波においては、ⅴ波が1.5985でおそらく天井を付けたであろうというシナリオで、副次波ⅰからⅴまでをカウントすることができる。そのⅴ波の中で5つの波がオーバーラップしながら進行し、エンディングのウェッジを形成していることに注目してほしい。これらはその波動がエンディングダイアゴナルであるというサインであり、この先、急激な反落が起きることのシグナルでもある。

エリオット波動のガイドラインによれば、その反落は急激に、少なくともエンディングダイアゴナルの始点まで価格を戻すだろうと想定できる。この場合、エンディングダイアゴナルの始点はⅳ波終点となる1.5273を指す。

図5.15　ユーロFX（日足 つなぎ足）

Chart reprinted with permission from Bloomberg. Copyright 2013 Bloomberg L.P. All rights reserved.

図5.16　ユーロFX（2008年6月限 60分足）

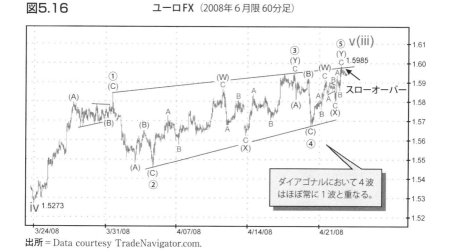

出所 = Data courtesy TradeNavigator.com.

　エンディングダイアゴナルの重要な特徴のひとつは、すべての副次波がシングル、もしくは複合型のジグザグであるという

エンディングダイアゴナルが完成した後の反転の動きはダイアゴナルの始点まで至ることが想定されるが、そこまで動く時間的な目安はダイアゴナル形成の時間の3分の1から2分の1だ。

157

図5.17

ことだ。図5.16はこのダイアゴナルを１時間足のバーチャートに拡大し、副次波がジグザグになっていることを示したものだ。

①波、②波、④波はシングルのジグザグになっていて、③波と⑤波はダブルジグザグになっている。⑤波は１－３トレンドラインをわずかに超えてスローオーバーになっている。スローオーバーはしばしばダイアゴナルが終わったことを示す。価格が２－４トレンドラインを下に抜ければ、ダイアゴナルが1.5985にてすでに終了していたという確証になる。この後は少なくとも1.5273、あるいはそれ以下の価格に下落するはずだ。

図5.17で示したように、フィボナッチ比率を使って下値のターゲットを設定することができる。今回のケースでは、ターゲットプライスである1.5273は38.2％リトレースと50％リトレースのあいだになる。こうしたターゲットエリアは、４波が通常浅いリトレース（たとえば38.2％）によってひとつ前の波動の副次波４波まで戻るという事実とも符合する。

158

第5章 エンディングダイアゴナルは急角度の反転を狙ってトレードしよう

図5.18　ユーロFX（日足つなぎ足）

Chart reprinted with permission from Bloomberg. Copyright 2013 Bloomberg L.P. All rights reserved.

　こうした見方に基づけば、2008年6限月の先物を使ってこのタイミングでユーロを売るという判断になるだろう（日足つなぎ足チャートでの重要な価格帯は6限月にも当てはまる）。

　リスク許容度によっては、ただちに売り建てるのではなく2-4ラインをブレイクするのを待つという方法もある。個人的には、特にエンディングダイアゴナルがすでに終了しているという確証があるならば、2-4ラインを割るのを待つよりすぐに行動を起こすほうが好みだ。

　たとえば、ユーロを4月22日に終値である1.5957で売ると決めたとしよう（**図5.18**）。ターゲットはダイアゴナル始点である1.5273。プロテクティブストップは1.6161となるが、それは⑤波が③波より大きくなるポイントであり、よってエンディングダイアゴナル想定が破たんしてしまうという価格だ。したがって潜在リスクは204ポイン

> エンディングダイアゴナルにおいて、通常、3波は1波よりも小さくなり、5波は3波より小さくなる。

159

図5.19　ユーロFX（2008年6月限60分足）

出所＝Data courtesy TradeNavigator.com.

ト、潜在リウォードは684ポイントとなり、リスク・リウォード・レシオは3対1以上ということになる。

　4月24日の1時間足バーチャート（**図5.19**）にあるように、ユーロは2-4ラインをブレイクし、ダイアゴナルが1.5985にて終点を迎えたことが強く示唆された。ここでストップを下方に動かすことができる。2-4ラインを著しく超えて反転上昇すると、このトレードシナリオにとって好ましい展開ではなくなってくるので、1.5839にストップを置くことにする。そこは2-4ラインをブレイクする前の最後の重要な高値だ。

　その1週間後（**図5.20**）、ユーロは下がりつづけ、ストップを2-4ラインより下に移動させるチャンスが到来した。合理的なストップの位置のひとつとして、直近の修正波の高値である1.5663が挙げられるので、ここにプロテクティブストップを置きつつ、1.5273で買い戻しの注文を置くというOCOオーダー（いずれか一方が約定したらもう一方を自動キャンセルできる注文方法）を行うという形を取るのがい

第5章 エンディングダイアゴナルは急角度の反転を狙ってトレードしよう

図5.20 ユーロFX（2008年6月限60分足）

1.5273で決済買い、もしくは1.5663で逆指値の決済買いのOCO注文

出所＝Data courtesy TradeNavigator.com.

図5.21 ユーロFX（2008年6月限60分足）

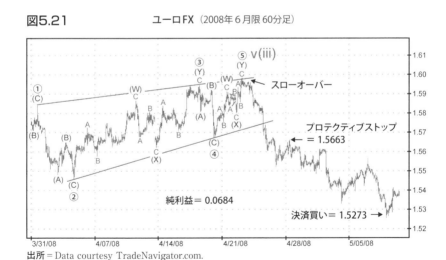

純利益＝0.0684
決済買い＝1.5273

出所＝Data courtesy TradeNavigator.com.

Chart reprinted with permission from Bloomberg. Copyright 2013 Bloomberg L.P. All rights reserved.

いだろう。

　5月7日、ユーロは1.5255の安値を付けて注文は1.5273で約定されることになる。利益は684ポイントということになる（**図5.21**）。

　日足チャート（**図5.22**）では、8月8日にかけてのその後のユーロの動きが示されている。(iv)波は1.5255で終了した。面白いことに(v)波も収縮型ダイアゴナルを形成し、そのダイアゴナルもスローオーバーを見せた。そして、それ以前の高値をわずか数ティック超えて1.5988で天井を付けた。急激な反転がそれに続き、その後のユーロのトレンドは反転せずそのまま下落が続いた。ユーロがダイアゴナル始点である1.5255を下回って下落していくのをこの日足チャートで知ることはできるだろうか？──それは可能だ。ただし、高い階層の波動のパターンと、その中の下落波動の構造の分析が要求される。とにかく、2つ目のダイアゴナルを見つけただけでも、近いうちに反転が起こり、1.5255が次のトレードの最初のターゲットになることがお分かりいただけただろう。

第5章　エンディングダイアゴナルは急角度の反転を狙ってトレードしよう

　要するに、２つのダイアゴナルが異なる
階層に現れ、その２つの終点がほぼ同じ価
格であるということが、メイントレンドが
出尽くしたことを示していた。特に２つ目
のダイアゴナルで起きたスローオーバーは、１つ目のスローオーバー
よりも強力で反転もより力強く、より激しいシグナルを示していた。

> スローオーバーが大きく
> なるほどその後の反転の
> 動きは激しいものとなる。

［第5章　ジェフリー・ケネディ（DJIA、BSFT、TCK）、ウェイン・ゴーマン（ユーロ）］

確認テスト

1．エンディングダイアゴナルはどこに現れるか？

 （A）エンディングダイアゴナルの5波

 （B）ジグザグやフラットのA波

 （C）インパルスの5波やフラットやジグザグのC波

 （D）修正波の終わり

2．次の文章は○か×か？

 「エンディングダイアゴナルはメイントレンドがもうしばらく継続するというサインである」

3．エンディングダイアゴナルが終了したあとに何が起きると考えられるか？

 （A）トレンドが横ばいの動きになる

 （B）ダイアゴナル始点の位置まで急反転する

 （C）トライアングルが進行していく

 （D）反対方向に別のダイアゴナルが出現する

4．エンディングダイアゴナルと5波がトランケーション（249ページ参照）になった時や延長した時との共通点は何か？

 （A）常に早い動きをもって下落する

 （B）延長する。さらなる利益をもたらすチャンスである

 （C）その後に急激な反転が続く

 （D）すべてインパルスである

5．次の文章は○か×か？

 「エンディングダイアゴナルにおいては3波は1波より短い」

答え：1．C　2．×　3．B　4．C　5．○

エリオット波動の応用

Going Beyond Elliott Wave Patterns

PART

III

第6章

テクニカル指標を併用する

Applying Technical Indicators

　「マーケットの動きを研究する」のがテクニカル分析の本質だ。"テクニカル分析"という言葉の概念には、分析者がマーケットの動きを研究するために使うさまざまなツールが含まれている。たとえば波動原理は、群衆心理の移り変わりによりもたらされる波動のパターンを認識することによって行うテクニカル分析モデルだ。他の方式として、日本のローソク足チャート、ポイント・アンド・フィギュア、RSI（相対力指数）、MACD（移動平均収束拡散法）などがある。

　どのツールがベストなのか？　この問題についてはテクニカル分析者のあいだで熱い議論が交わされているが、私は「最良のツールは自分にとって一番よく機能するツール」だと考えている。私にとってのそれが波動原理だ。私はエリオティシャンではあるが、他の手法も積極的に使う。波動原理による分析結果にさらなる確証を求めたり、検証したりしてトレードをいっそう向上させるためである。

　時々、波動原理と他のテクニカル分析の結果が矛盾することがある。そういった場合の対応法は、そのトレードは見送り、ほかのチャンスを探す、ということだ。このような状況——波動原理から見てよい形だが、他のテクニカル分析がそれとは反対の結論を出している状況や、テクニカル指標が素晴らしいチャンスを示唆するサインを出しているのに波動原理からそれに見合う結論が出てこないというような状況

167

——に着目することで、リスクを察知して切り抜けることができる。そうした状況でもなおトレードをするとしても、投入金額をいつもの半分にしてリスクを減らすという対処法もある。

> エリオット波動原理は、群集心理の移り変わりによってもたらされる波動のパターンを分析することを可能にするモデルだ。

　本章では、3つの事例を見ながら、どのようにテクニカル指標を取り入れてトレードを行うのかを説明していく。

RSIの弱気のダイバージェンスによるトレード——クリーの事例

　1つ目は**図6.1**のクリー（CREE）の事例だ。このケースではトレードに関する判断においてRSIがいかに役立つかを知ることができる。RSIはウエルズ・ワイルダー・ジュニアによって開発された指標だが、モメンタムをはかることとダイバージェンスというサインを確認できるという点で便利な分析ツールである。ダイバージェンスとは、価格チャートと、その下に掲載されているテクニカル指標が反対方向に動く形になること。強気を示すダイバージェンスは、価格チャートが下向きで安値を更新し、テクニカル指標は上向きになるという形だ。そして、弱気を示すダイバージェンスは、価格チャートが上向きで高値を更新し、テクニカル指標が下向きになるという形だ。

　クリー株は、2011年12月安値の20.25から2012年5月の高値33.45まで5波動で上昇している。修正波の深さに関するエリオット波動ガイドラインは、修正の動きの終点のメドは前の波動の副次波4波の動いた範囲であり、とりわけその4波終点近辺になることが多い、というものだ。このケースでは、(4)波終点は28.81ドルだ。以上のことから、合理的なトレードは少なくとも28.81ドルをターゲットにショートポジションを取ることだと思われる。このトレードプランを実行するなら、株

図6.1

Chart reprinted with permission from Bloomberg. Copyright 2013 Bloomberg L.P. All rights reserved.

価が直近安値31.05を割り込むことを確認して100株のショートポジションを取る、というような感じになるだろう。

　クリー株のショートポジションを取った理由は、この波動のカウントだけではない。図6.2を見ると、株価チャートとRSIが2月以降にダイバージェンスを起こしているのが分かる。これは上昇モメンタムが減退していることを示すもので、上昇トレンドが弱まっているシグナルとなる。クリー株は3月と5月に新高値を取った一方で、RSIは新高値を取れずにいた。

　この弱気を示すダイバージェンスは、しばしば株価の下降転換の前兆となる。

　図6.3を見ると、その後クリー株が下落して31.05ドル以下まで下がり、それによって逆指値が発動してショートポジションにエントリーすることになった。ここで最初に置くプロテクティブストップ

> トレードごとに次の3つのことに常に注意を向けよう。
> 1. リスクを減らすこと
> 2. リスクを取り除くこと
> 3. 含み益を確保すること

169

図6.2 クリー社（日足）

Chart reprinted with permission from Bloomberg. Copyright 2013 Bloomberg L.P. All rights reserved.

図6.3 クリー社（180分足）

Chart reprinted with permission from Bloomberg. Copyright 2013 Bloomberg L.P. All rights reserved.

は32.85ドルだ。なぜなら32.85ドルを超えるような値動きは、33.45ドルからの下落を修正波とする根拠となり、大きな上昇トレンドがまだ終わっていないということの根拠となるからだ。

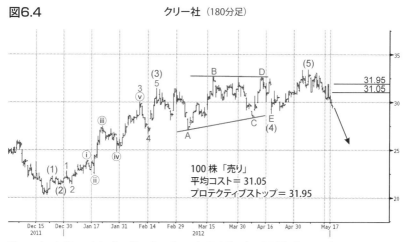

図6.4　クリー社（180分足）

Chart reprinted with permission from Bloomberg. Copyright 2013 Bloomberg L.P. All rights reserved.

　5月15日にエントリーした後、クリー株は**図6.4**のように想定どおりの下落が続いたので、プロテクティブストップを直前の高値の31.95ドルまで引き下げることにした。エントリー価格が31.05ドルでプロテクティブストップが31.95なので、このトレードにおける1株当たりのリスクは1.00ドル以下ということになる。

　トレードを始めた時点で置くストップは、そのトレードの前提となる分析が破たんすると考えられるポイントにするのが賢明だ。その後、株価が想定どおり進行するにしたがって、ストップを徐々に動かしてリスクを減らしていく。多くのセールスマンのモットーが「常に契約成立に向かいつづける」であるように、多くのプロトレーダーのモットーは「常にリスクを管理しつづける」なのだ。これは一見簡単なように思えるが、トレードの成功はリスク管理以上にトレーダーの心理に左右される。私なりの解釈だと、トレードの成功要因はリス

> トレーダーとして成功するために必要な要素としては、トレードの心理学が6割、リスク管理が3割、テクニックはたったの1割だ。

図6.5 クリー社（180分足）

Chart reprinted with permission from Bloomberg. Copyright 2013 Bloomberg L.P. All rights reserved.

ク管理が30％、技術はたった10％、そして心理面が60％となる。

　プロテクティブストップをエントリー価格の31.05ドルまで下げることによって（図6.5）、リスク管理の3段階のうちの2段階目「リスクを削りゼロにする」を達成することができる。取引コストを別にすれば、その後はストップに引っかかっても失うものは何もない。この状態まできたトレードを私は「フリートレード」と呼んでいる。

　その次の動きとしては、5月22日にはギャップダウンしたが、それに応じてストップをエントリー価格より低い30.05ドルに下げることで利益を確保することができた（図6.6）。

　その次の日には、ストップを27.05ドルまで下げることができ、利益をさらに拡大できた。エントリー価格が31.05ドルで、この時点でのストップが27.05ドルなので、1株当たり4.00ドルの利益を確保することに成功したことになる[12]（図6.7）。

　1週間後の5月29日、27.05ドルのストップが発動した（図6.8）。これで9日間のトレードの結果は1株当たり4ドルの利益、率にして12.88

図6.6 クリー社（180分足）

Chart reprinted with permission from Bloomberg. Copyright 2013 Bloomberg L.P. All rights reserved.

図6.7 クリー社（180分足）

Chart reprinted with permission from Bloomberg. Copyright 2013 Bloomberg L.P. All rights reserved.

％のリターンとなった。ご覧のとおり、ぎりぎりでストップが発動された後、クリー株はさらに15％下落した。ストップの置き方をもっと緩く（ストップに引っかかりづらいようにもっと高く）するべきだっ

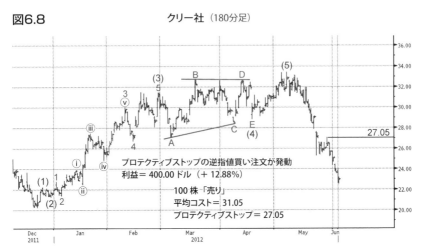

図6.8　クリー社（180分足）

Chart reprinted with permission from Bloomberg. Copyright 2013 Bloomberg L.P. All rights reserved.

たのだろうか？　これは議論の余地があるところだろう。結局、トレーダーとしての目標はただひとつ――お金を稼ぐことだ。トレーダーの目的は天井で売ることでも底で買うことでもない。また、すべてのトレードで完璧を期すことでも最善のストップを置くことでもない。実際、5月22日に30.05ドルでプロテクティブストップが発動したとしても十分に利益は得られた。完璧でないことで自分を責めないことだ。利益を得られたなら、パソコンから顔を上げて『不思議の国のアリス』に出てくるチェシャ猫のようにニンマリと笑おう。自分と反対のトレードをして損をした人がいることも忘れずに。

　すべてのトレードからことごとく利益を搾り取ろうとしても、そうした姿勢は未成熟なトレンドに手を出すなどして逆の結果をもたらすだろう。天底を捉えようとする無茶なトレーダーや欲深いトレーダーらと戦うより、トレンドの60～80％を捉えることで満足するほうが、トレーダーとして賢いと言えるだろう。

図6.9　ウォルマート社（日足）

Chart reprinted with permission from Bloomberg. Copyright 2013 Bloomberg L.P. All rights reserved.

ローソク足とMACDが強気な波動カウントを支持しているケース──ウォルマートの事例

　次のウォルマート（WMT）の事例では、日本のローソク足とMACDを使う（**図6.9**）。

　ローソク足というのは、簡単に言えばO-H-L-Cチャート（高値と安値を結んだ線の左側に始値、右側に終値をプロットしたバーチャート）と同じデータを図式化したものだ。両者の違いはデータの図解のしかただ。ローソク足チャートは、強気と弱気の力のバランスの示し方が優れていて、マーケットの転換点を早期に知ることができる。

　MACDは株価のモメンタムを示す指標であり、1970年代末にジェラルド・アペルによって開発されたものだ。これは遅行指標ではあるが、移動平均に基づいているために、長期トレンドのタイミングをはかる優れたツールであり、マーケットのモメンタムの弱まりや強まりを評価するのに役立つ。

2011年３月から2012年５月のウォルマート株の日足チャートを見ると（**図6.9**）、明らかにインパルスを形成中だ。この上昇の動きの中で、最初の３つの波動までは62.63で終了している。それに続く値動きは、⑷波がフラットによる修正の動きになっており、その副次波のＡ－Ｂ－ＣはＡ波とＢ波が３波動、Ｃ波が５波という形で構成されている。このパターンの際立った特徴は、Ｂ波がＡ波始点近くまで戻ることだ。このカウントにおいて、⑸波は62.63ドルを超えて新高値を付けることが想定される。

> **フラット**　３波動構成の修正波であり、副次波のＡ波とＢ波は３波動構成、Ｃ波は５波動構成となる。Ｂ波終点はＡ波の始点近くで終わる。

　私としては、単独ではなく複数の証拠や手法で裏付けしながらトレードしたいので、ここでは２つの指標を使い、エリオット波動分析の結論と一致するかどうかを調べてみよう。まず、ローソク足から見ていこう。

　ローソク足は株価を示すチャートだが、上下に細いヒゲがあり真ん中に太い実体線を持つ形でできている。強気のローソク足（陽線）は終値が始値よりも上回る形であるが、強気か弱気かは実体線の色で示される。この場合、高値と終値の価格差は上ヒゲで、始値と安値の価格差は下ヒゲで表される。さらに、これらのローソク足は、陽線も陰線も、しばしば価格の転換と一致するような形となる。

　ウォルマート株の４月末から５月初めにかけてのローソク足のパターンは、強気の「包み足」と呼ばれるもの（**図6.10**）。このパターンは、始値は前のローソク足の終値よりも低く、終値は前のローソク足の始値よりも高く終わる時に形成される[13]。これは強気の転換パターンであり、相場が強くなってきたことを示唆している。このローソク足のパターンと同じくらい説得力がある強気の波動のカウントを組み合わせて、買いのトレードのための強い根拠が固まりはじめてきた。

　ここで次のチャートを見てみよう。**図6.11**には２つの指標が描かれ

第6章 テクニカル指標を併用する

図6.10　ウォルマート社（週足）

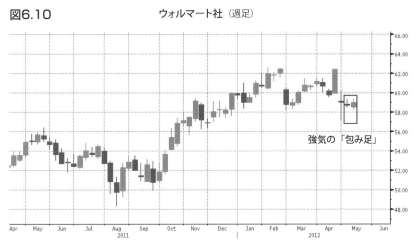

強気の「包み足」

Chart reprinted with permission from Bloomberg. Copyright 2013 Bloomberg L.P. All rights reserved.

訳注＝ローソク足の色は一般的に陽線が白で陰線が黒。カラー表示の際には陽線を赤、陰線を緑で表示するのが一般的だ。日本では「赤＝陽線」が定着していて、証券会社のサイトのチャートでもこの色分けが主流になっている。海外サイトなどではしばしば日本とは逆の色分けがされているのを見かけるが、これは日本のローソク足使用者からすると少し違和感を覚えるところだ。

図6.11　ウォルマート社（日足）

Chart reprinted with permission from Bloomberg. Copyright 2013 Bloomberg L.P. All rights reserved.

177

ている。MACDとMACDのヒストグラムだ。MACDは太線、MACD
シグナルは細線で描かれている。MACDは12日と26日の指数平滑移動
平均の差である。そして、MACDシグナルは、MACDの9日平滑移
動平均である。MACDヒストグラムは、MACDとMACDシグナルの
差を棒グラフとして表したものだ[14]。

　MACDとMACDヒストグラムのどちらのチャートを見ても、強気
のダイバージェンスを示している。MACDの数値は、4波のフラット
のC波の時のほうがA波の時よりも高くなっている。この強気のダイ
バージェンスは市場の動きが強くなりはじめていることを示唆してい
る。

　強気のカウントと、週足における強気の包み足と、MACDとMACD
ヒストグラムが示したバーチャートとの強気のダイバージエンスによ
って、ここでウォルマート株を買う根拠を強化する3つの根拠を得た
ことになる。

　この事例では、**図6.12**のとおり、2つの取引方法を取った。どちら
も面白く勉強になるトレード例だと思ったからだ。1つ目は、100株を
59.10ドルで買い、58.27にストップを置くというもの。手数料を除くと、
購入金額は5910ドル。2つ目は、2012年9月限で行使価格60ドルのコ
ールを1.70ドルで10枚購入するというもの。手数料を除くとオプショ
ンの購入金額は1700ドル。

　図6.13は、購入後の5月17日に、ウォルマート株が大きくギャップ
アップしたことを示している。この動きに応じて、ストップを58.27ド
ルからエントリー価格を少し上回る59.80ドルに引き上げた。また、9
月限のコールを3.65ドルで5枚手放した。手数料を除いて考えると1825
ドルの約定金額になった。これで、元金の1700ドルに125ドルの利益を
加えた金額を手にすることができた。さらに、9月限のコールを5枚
所有しつづけている状態だ。

　ウォルマート株はギャップアップした後にさらに上昇したので（**図**

第6章　テクニカル指標を併用する

図6.12　　　　　ウォルマート社（日足）

Chart reprinted with permission from Bloomberg. Copyright 2013 Bloomberg L.P. All rights reserved.

図6.13　　　　　ウォルマート社（日足）

Chart reprinted with permission from Bloomberg. Copyright 2013 Bloomberg L.P. All rights reserved.

179

図6.14

6.14)、残りのオプションも4.40ドルで売った。オプション取引によって、手数料を除いて1700ドルの元本を取り戻したうえに2325ドルの利益を生んだ。

さて、ここでもう一方の買い注文のトレードについて見ていこう。リスク管理は全トレーダーにとっての最優先課題なので、プロテクティブストップを63.10ドルに引き上げて、大きな利益を確保した。

図6.15が示すとおり、ウォルマート株はその後も上昇を続け、ストップを63.10ドルから64.10ドルへ、さらには65.10ドルへと引き上げていった（図6.16、図6.17）。

65.60ドルで、ついにストップに引っかかり、650ドル（9.91％）の利益を得ることができた（図6.18）。

第6章 テクニカル指標を併用する

図6.15 ウォルマート社（日足）

Chart reprinted with permission from Bloomberg. Copyright 2013 Bloomberg L.P. All rights reserved.

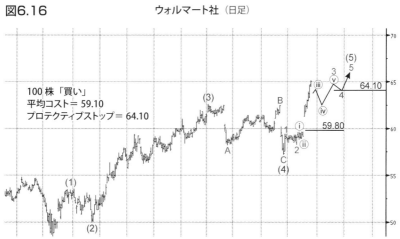

図6.16 ウォルマート社（日足）

Chart reprinted with permission from Bloomberg. Copyright 2013 Bloomberg L.P. All rights reserved.

181

図6.17

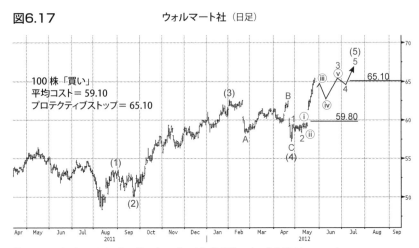

図6.18

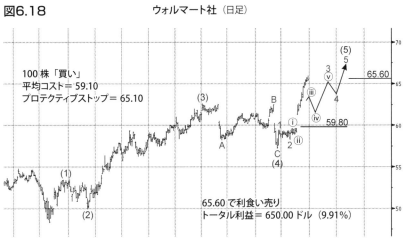

図6.19

Chart reprinted with permission from Bloomberg. Copyright 2013 Bloomberg L.P. All rights reserved.

複数のテクニカル指標によるトレーディング——ウィン・リゾーツの事例

　3つ目の事例、ウィン・リゾーツ（WYNN）のトレードでは、波動分析とともにRSI、ローソク足、MACDの3つすべてを使う。

　2011年12月の101.02ドルから、5月の高値138.28ドルまでのウィン・リゾーツ株の上昇はダブルジグザグだ（図6.19）。エリオット波動のこの解釈によれば、どこかの地点で2011年12月からの上昇がすべてリトレースされるのではないかと示唆している。

　3月と4月に形成された値動きは注目に値する。3月の値動きは収縮型トライアングルの形になっていて、それに続く4月の値動きは収縮型ダイアゴナルになっているからだ。

　トライアングルは、エリオット波動の修正波の基本3型のひとつであり、ほとんどのケースでは横向きでトレンドラインが収縮する形になる。トライアングルの副次波としてカウントされるＡ－Ｂ－Ｃ－Ｄ

183

－Eという5つの波動は、それぞれ3波動から成っている。トライアングルは単独の形では4波、B波、X波の位置で形成される。トレーダーにとって最も重要なのは、トライアングルは常に一連の副次波の中で最後の波のひとつ前に出現するということだ。

収縮型ダイアゴナルは最後の副次波としてひと回り大きな波形を終了させる波形であり、インパルスの5波、あるいはA－B－CのC波の位置に出現する。トライアングルはトレンドの終了が近いことを事前に警告する波動であり、収縮型ダイアゴナルはまさにトレンドが終了しつつあることを教えてくれる波動ということだ。

4月に形成されたトライアングルもダイアゴナルも認識しやすいものだった。

この時、私はトレードチャンスを探すのにたっぷり時間をかけており、その週末のあいだじゅうこのチャートを分析していたので、5月7日の月曜日にウィン・リゾーツ株を10株売るトレードプランを考えることができた（**図6.20**）。ウィン・リゾーツ株はすでにダブルジグザグの⧸Y⧹波の⒞波の4波の安値を下回って取引されていたので、私は熱心にポジションを取りにいった。第1章で述べたように、ダイアゴナルの4波の終点をブレイクしたポイントは、ダイアゴナルにおける保守的なエントリーポイントだ。約定したところで、最初のプロテクティブストップを5月高値の138.28ドルの水準に置くことになる。

このケースでウィン・リゾーツ株のショートポジションを取ることについては、エリオット波動の説得力ある根拠に加えて、それをさらに裏付ける2つの証拠がある。たとえば、日足チャートではRSIに顕著な弱気のダイバージェンスが見られた（**図6.21**）。弱気なダイバージエンスが出たからといって必ずしも価格トレンドの転換が起きるわけではないが、エリオット波動の弱気を示すカウントと組み合わさるとその意味するところは重みを増す。

また、**図6.22**が示すとおり、MACDとMACDヒストグラムにおい

184

図6.20

Chart reprinted with permission from Bloomberg. Copyright 2013 Bloomberg L.P. All rights reserved.

図6.21

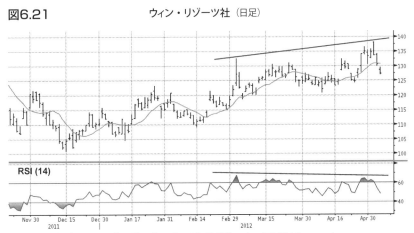

Chart reprinted with permission from Bloomberg. Copyright 2013 Bloomberg L.P. All rights reserved.

ても似たような弱気を示すダイバージェンスが見られる。このように、2つの異なるモメンタム指標がエリオット波動の弱気なカウントを支持している。

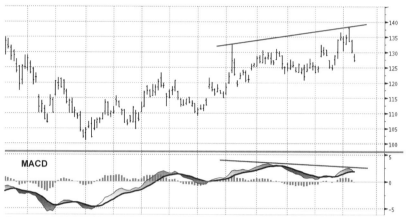

図6.22　ウィン・リゾーツ社（日足）

Chart reprinted with permission from Bloomberg. Copyright 2013 Bloomberg L.P. All rights reserved.

　ここまでは標準的なO-H-L-Cチャートで値動きを確認してきたので、今度はローソク足からどんな情報が得られるのかを見ていこう（図6.23）。

　5月初旬、ウィン・リゾーツ株に「かぶせ足」というパターンが出た。かぶせ足というのは、陽線に続き、その陽線の高値より高い水準から始まって陽線の実体線に食い込む形まで下落して終わる陰線が続くという形であり、弱気の転換サインとなるパターンだ。また、この後にさらに陰線がもう1本続く形となった。高値から陰線が2本連続出現してその直前のローソク足を包む形を「二陰交叉」といい、これは一段と強く下降転換を示唆する形となる。

　ここでまたひとつショートポジションを取る根拠が加わった。これはまさに私が「証拠に基づく分析とトレード」と呼んでいるものだ。複数のテクニカル分析を組み合わせてトレード方針を決定することで、成功の確率が高まる（とはいえ、リスクを軽減できるだけで決してリスクゼロにはならないということを忘れないように）。

第6章 テクニカル指標を併用する

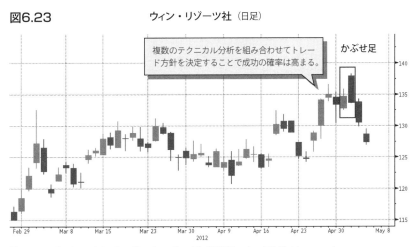

図6.23　ウィン・リゾーツ社（日足）

Chart reprinted with permission from Bloomberg. Copyright 2013 Bloomberg L.P. All rights reserved.

図6.24　ウィン・リゾーツ社（180分足）

Chart reprinted with permission from Bloomberg. Copyright 2013 Bloomberg L.P. All rights reserved.

　図6.24のとおり、最初のエントリーから2週間でウィン・リゾーツ株はおよそ20％も下落した。この下落の速さにより、トレーリングストップを管理するのは難しかった。このような状況においては、前日

187

の高値や安値を使ってシンプルに考えよう。ウィン・リゾーツ株の場合、前日の高値を超えたのは5月18日で、この時の前日高値は106.01ドルだった。そのため、このポジションはストップに引っかかり利益確定となった。結果としては、たった10日で202.90ドル、率にして16.06％の利益が得られた。

[第6章　ジェフリー・ケネディ（CREE、WMT、WYNN）]

第6章　テクニカル指標を併用する

確認テスト

1．エリオット波動分析と別のテクニカル指標が逆方向の値動きを
　示唆していたら、どうしたらよいか？
　（A）トレードせずに、もっとよいトレードの機会を探す
　（B）自分の波動分析だけを信じてトレードする
　（C）自分の好きなテクニカル指標に絞って判断する
　（D）波動分析をやり直して結論を変える

2．次の文章は○か×か？
　「価格は上昇してきているのに、RSIは下落してきている時、こ
　の価格と指標のダイバージェンスは価格の上昇転換の前兆とな
　ることが多い」

3．トレードのリスク管理において行うべき3つのステップは次の
　どれか？
　（A）分析し、テクニカル指標をチェックし、最初のプロテクティ
　　　　ブストップを置く
　（B）最初のプロテクティブストップを置き、プロテクティブス
　　　　トップが発動する前にトレードをやめ、利益を大きくする
　（C）リスクを減らし、リスクをゼロにし、利益を確保する
　（D）波動のメインとなるカウントを探し、その代替カウントも
　　　　探し、好きなテクニカル指標と照合する

4．1回ごとのトレードの目標は次のどれにするべきか？
　（A）可能なかぎり完璧に近いトレードにすること
　（B）最も適切なプロテクティブストップを置くこと
　（C）底値で買い、高値で売ること

189

（D）多寡にかかわらず、とにかく利益を得ること

5．次の文章は○か×か？
「トレーダーの心理は、リスク管理やトレードテクニックよりも
さらに重要である」

6．日本のローソク足チャートとO-H-L-Cチャートのおもな違い
は？
（A）取引高のデータの表し方
（B）強気と弱気のパワーバランスを表すデータの図解のしかた
（C）ダイバージェンスの現れ方
（D）MACDと組み合わせてみた時の相性のよさ

答え：1.A　2.×　3.C　4.D　5.○　6.B

第7章

オプション戦略［基本編］

A Basic Options Trade

　エリオット波動分析とオプション戦略は強力な組み合わせだ。この章ではシンプルな先物取引と比較しながら基本的なオプション戦略を紹介し、第8章では複雑なオプション戦略について解説する。

　オプションを利用する最大の理由は、「不安のあるトレード」を「不安はあるが、それ以上に高い収益性を伴うトレード」に変えてくれるからだ。オプションそのものはリスクが限定的で大きなリターンが狙えるのでリスク・リウォード・レシオは高くなる。一方、本章で説明するような異なるオプションを組み合わせてポジションを組む戦略を取ると、オプションやシンプルな先物取引よりもリスク・リウォード・レシオは低下するが、その代わり、どのような状況にも対応できて、リスクを限定しながら勝率を高めるような戦略を組めるようになる。

　第5章の最後にユーロが収縮型ダイアゴナルを形成した時のトレードシナリオについて述べた。2008年4月22日の波動のカウントとトレードの詳細は**図7.1**に示されている。このトレードの簡単な要約は以下のとおりである。

　状況としては5波のエンディングダイアゴナルが終了したか、まもなく終了するという局面だ。エリオット波動のガイドラインによると、ダイアゴナル完成後には素早くて鋭い反転の動きが少なくともエンディングダイアゴナルの始点かそれ以上の大きさとなるだろうと考えら

191

図7.1　　　　　　　　　ユーロ FX（日足 先物）

Chart reprinted with permission from Bloomberg. Copyright 2013 Bloomberg L.P. All rights reserved.

れる。そこで、4月22日の終値で2008年6月限のユーロ先物を1.5957でショート（売り建て）した。ターゲットプライスはエンディングダイアゴナルの始点であり（iv）波の終点である1.5273だ。そして、プロテクティブストップは1.6161に置いた。これは⑤波が③波よりも大きくなってしまい、ダイアゴナルの想定が破たんすると考えられるポイントだ。このようにプロテクティブストップを置いたことで想定されるリスクは0.0204となる。想定されるリウォードが0.0684なので、リスク・リウォード・レシオは3.4対1ということになる。

> オプションそのものはリスクが限定的で大きなリターンが狙えるのでリスク・リウォード・レシオは高くなる。一方、本章で説明するような異なるオプションを組み合わせてポジションを組む戦略を取ると、オプションそのものやシンプルな先物取引よりもリスク・リウォード・レシオは低下するが、その代わり、どのような状況にも対応できて、リスクを限定しながら勝率を高めるような戦略が組めるようになる。

　相場は必ずしも自分の希望どおりのタイミングで動いてくれるわけではなく、それによって不快な思いにさせられるかもしれない。たと

えば、エントリーする前に分析を尽くしたいのでトレードに入る前の時間があと1日ほしい、という状況を考えてみよう。この場合、4月23日の終値において、1.5854で売り建て、ターゲットプライスは同じく1.5273で、プロテクティブストップも同じく1.6161に置くことになる。この場合リスクは0.0307と高くなり、リウォードは0.0581となるので、リスク・リウォード・レシオは1.89対1となる。これはあまり有利な数値とは言えない。

　「もし予測が間違いだったと気付いた時に300ポイント以上（具体的には307ポイント）の損失になるとしたら、もう耐えられない」というようなことを想像しているだろうか？　そうなった時にはどういう対策が考えられるだろうか？　ここでプロテクティブストップをきつくしたら、一時的な値動きのブレなどによって間違ったタイミングでストップに引っかかりやすくなり、その場合には、本来狙っている下落の値動きに間に合うように慌ててポジションを取りなおさなければならなくなるだろう。こうした状況は、素早く鋭い下落が差し迫っている前兆であることを思い出してほしい。

　適切な準備がなければ、このトレードは一度ならずプロテクティブストップに引っかかり、当初の見積もり以上に損をして終わる可能性がある。何度かプロテクティブストップに引っかかった時に経験するであろう精神的ダメージを忘れないようにしておこう。その場合はおそらく、次の取引ができなくなるくらいショックを受けるかもしれない。とはいえ、何もしなければ、大きなチャンスを逃すことになるかもしれない。5波のエンディングダイアゴナルには毎日のようにお目にかかれるわけではない。資金は限られているし、ユーロ先物取引では証拠金が求められて煩わしい思いをするかもしれない、ということも考慮しておこう。2008年4月に、最初に要求される証拠金最低額はCME（シカゴ・マーカンタイル取引所）での1ユーロ先物当たり3510ドルだった。

図7.2

ベア・プット・スプレッド

買い　1　ATM　PUT
売り　1　OTM　PUT
ネットデビット

やや弱気な戦略
比較的長期（3～6カ月）の戦略
最大リスクは ………… ネットデビット
最大リウォードは …… 行使価格差からネットデビットを差し引いた金額
損益分岐点…………… ロングしたプットの行使価格からネットデビットを差し
　　　　　　　　　　　引いた金額

訳注＝ネットデビット（net debit）とは、オプションのポジションを組んだ時に、その売りによって得られる金額よりも買いによって支払う金額が上回り、現金流出となる状態のこと。その反対の状態はネットクレジット（net credit）。ポジションを解消する時の売買でも、その売買の収支において現金の支払いが生じればネットデビット、現金が得られればネットクレジットという。

　幸いなことに、こうした状況では、一定以上の利益をあきらめれば有効なオプション戦略がある。ベア・プット・スプレッドと呼ばれるものだ（**図7.2**）。

　この戦略は次のように機能する。まず、アット・ザ・マネー（ATM）のプットを買う。ATMは行使価格が原資産の時価とほぼ同じという状態。このポジションは下落の動きで利益を得られる。これと同時にアウト・オブ・ザ・マネー（OTM）のプットを売る。OTMのプットとは行使価格が原資産の時価を下回っている状態のプットのこと。この戦略では行使期限内に底になると想定される水準に近い行使価格のOTMのプットを売る。OTMプットはトータルのリスクを減らしてくれるが、最大の

> **プット**は原資産を売る義務ではなくて権利のこと。一方、コールは原資産を買う義務ではなくて権利のこと。

利益はOTMのプットの行使価格によって制限されてしまう。また、ロングするプットもショートするプットも行使期限は同じものとする。

　このポジションを組んだことによる収支は、ネットデビット、つまりキャッシュ流出ということになる。この戦略の最大のリスクは、最初のネットデビットに限定され、最大のリウォードはATMのプットとOTMのプットの行使価格の差からネットデビット分の金額を差し引いた金額となる。行使期限における損益分岐点は、ロングしたプットの行使価格からネットデビットを差し引いた水準である。

　ベア・プット・スプレッドは、比較的小さな階層のインパルスの2波や4波など、トレンドに対して短期的に逆向きの動きになる局面でのトレードに最適である。どこまで下落するかの予測が正しければ、さらなる利益の可能性を犠牲にすることなく、躊躇せずにOTMプットを売ることができる。重要なのは次の点だ —— この戦略ではネットデビットという期初のマイナスが生じ、成功するか否かは時間との闘いになる。つまり、行使期限内に想定どおりに下落するかどうか次第である。したがって、想定される値動きが最大に展開されるために十分な時間を確保できる行使期限のオプションを選ぶことが大切だ。

　しかし、ベア・プット・スプレッド戦略では行使期限が長すぎるのも問題だ。この場合、想定どおり原資産価格が下落して、ATMでロングしたプットがディープ・イン・ザ・マネー（ディープITM）になり、OTMでショートしたプットがATMになったとしても思うような収益にならない可能性がある。ディープITMのオプションの価格は、行使期限までの残存期間やインプライドボラティリティの変化にも敏感ではないからだ。そのオプションの価値変化は原資産の価格変化とほぼ1対1の関係になってしまい、それはほぼ本質的価値、つまり、行使価格と原資産の価格の差に相当するものとなる。そのため、行使期限がたっぷり残されていてインプライドボラティリティが上昇していても、原資産がターゲットプライスに到達してそのプットを売却した

時にそれらの変数によって得られるはずの収益を十分に稼ぐことができない。

対照的にATMのオプションの価値は、残された行使期限やインプライドボラティリティの変化に最も敏感だ。それゆえに、残存期間が多くてインプライドボラティリティが上がっている場合には、ターゲットプライスを達成してプットのショートを買い戻したとしても損益はマイナスになってしまう可能性がある。

> 行使期限日には、オプションの価格は行使価格と原資産の終値の差額のみで決定される。行使期限日より前のオプション価格は、原資産価格やインプライドボラティリティや行使期限までの残り時間など、いくつかの変数によって決まる。

ベア・プット・スプレッドで収益が最も大きくなるのは、行使期限日に原資産の価格がショートしたプットの行使価格と同じになる場合だ。この場合、ショートしたプットの価値はなくなるので買い戻しの必要もなくなる。

2008年6月限のユーロ先物のプットオプションを使った2008年4月23日のベア・プット・スプレッドの事例を見ていこう。ベア・プット・スプレッドが、先物のショートと比べて、本当にリスクを減らし、取引に必要な現金が少額ですむ手法なのか？　実際の数字で確認してみよう。行使期限日には、オプションの価格は行使価格と原資産の終値の差額のみで決定されるということを思い出してほしい。行使期限日より前のオプション価格は、原資産価格やインプライドボラティリティや行使期限までの残り期間など、いくつかの変数によって決まる。**図7.3**はその詳細をまとめている。

この日のユーロFXの高値は1.5964、安値は1.5826、終値は1.5854だ。実際のオプションの終値に基づいて考えると、2008年6月限で行使価格1.5850のATMのプットを0.0228で買い、2008年6月限で行使価格1.5250のOTMのプットを0.0054で売る、という取引となる。この取引

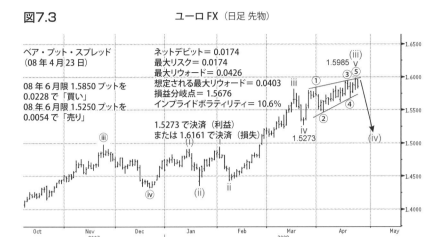

Chart reprinted with permission from Bloomberg. Copyright 2013 Bloomberg L.P. All rights reserved.

の結果、ネットデビット、すなわちこの取引の最大リスクとなる金額は0.0174、行使期限日の最大のリウォードは0.426となる。

ユーロは1.5273まで下落すると想定しているので、想定されるリウォードは権利行使による0.0403、リスク・リウォード・レシオは2.3対1となる。損益分岐点は1.5676だ。

なぜ、権利行使価格1.5250のプットをショートしたのかというと、ターゲットプライスである1.5273に最も行使価格が近いからだ。

> ベア・プット・スプレッドで収益が最も大きくなるのは、行使期限日に原資産の価格がショートしたプットの行使価格と同じになる場合だ。この場合、ショートしたプットの価値はなくなるので買い戻しの必要もなくなる。

2008年6月限を選んだのは、ユーロが1.5273に到達する前に期限切れにならず、想定される利益を最大限に享受できるようにするためである。

一方、行使期限をさらに長くするほどコストがかかるようになる。私たちの調査では、ダイアゴナルの始点までのリトレースメントに要す

197

る時間は、ダイアゴナルが形成された時間のおよそ３分の１から２分の１くらいだ。この事例のダイアゴナルの形成には21営業日、ほぼ４週間かかった。理想を言えば、ここで取引したいのはダイアゴナルの終点から約２週間の行使期限のプットだが、想定からのズレに対して余裕を持たせるために、行使期限は５月半ばくらいにしたいところだ。５月限のオプション（the May options）は５月９日に行使期限がくる。これは理想的な日程だが、タイミングのズレに対応する余裕がほとんどない。６月限のオプション（the June options）は６月６日が行使期限であり、これならダイアゴナルの始点に戻るまでに十分な時間が確保できるし、それよりも遅い行使期限のオプションに比べるとコストもかからない。

　このオプション戦略が、先物をショートするトレードに比べてどのような効果をもたらすのか、数字面の変化を見てみよう —— 最大リスクを0.0307から0.0174に、最大リウォードも0.0581から0.0403に下げ、リスク・リウォード・レシオは1.89対１から2.3対１に改善する。

　次に、想定される投資リターンについて見ていこう。2008年４月にユーロ先物をショートするには最初の委託証拠金として１枚当たり3510ドルが求められた。ベア・プット・スプレッドのポジションの中で、プットをロングする場合には委託証拠金は求められない。掛け金はすべて支払っている状態だからだ。ネットデビットは0.0174、あるいは174ポイントである。この時のユーロ先物１枚は12万5000ドルなので、１ポイントは12.50ドルに相当する。ネットデビットは174×12.50＝2175ドルの現金支出に相当するということになる。ベア・プット・スプレッドにおけるプットのショートでは先物１枚に要求される委託証拠金の１％、つまり35.10ドルが要求される。そのため、トータルで必要な現金は、先物取引に必要な3510ドルに対して、ベア・プット・スプレッドは2210.10ドルということになり、１枚当たり1300ドルも少ない現金で済むようになる。その分、そのお金を他のトレードに使うことが

できる。以上のようにオプション戦略を使うことで、資本効率の最大の可能性を引き上げることができるのだ。

実際のリターンはどうだろうか？　現金の収支について見てみよう。先物のポジションでは 1 枚当たり581ポイント、つまり7262.50ドルの利益を狙うために3510ドルの委託証拠金が必要になる。トレードが終われば委託証拠金の3510ドルは返してもらえる。リターンは206.9％となる。オプション戦略では、2210.10ドルの元手を使ってプットのロングで577ポイント、すなわち 1 枚当たり7212.50ドルもの利益を狙うことができる。トレードが終われば、委託証拠金の35.10ドルは返してもらえる。元手2210.10ドルのうち2175ドルはオプションを売買する際に必要になった現金支出であり、これは証拠金と違って返金されない。その分を7212.50から差し引いて5037.50ドルがリターンとなる。これは、この取引の元手である2210.10から考えると227.9％のリターンになる。おまけに先物取引に比べて1300ドルもの資金が自由になる。

この戦略の次のステップとしては、ユーロが1.5273に到達したら（できれば行使期限ギリギリに）、反対売買をすることだ。ただし、1.5273に到達する前にユーロが1.6161に到達したら、この戦略の前提となる波動カウントが破たんとなるので、オプション価格があるうちにポジションを清算して最大損失を避けよう。では、次の数日で何が起きたのか、**図7.4**を見てみよう。

5 波目の収縮型ダイアゴナルの後、素早い反転の動きとなり、5 月 8 日にターゲットプライスの1.5273に到達した。想定どおり、リトレースメントにはダイアゴナルが形成された時間の半分が費やされた。その日の高値は1.5415で安値は1.5255だ。リスクの観点からすれば、ポジションをこれ以上このままにしておく理由はない。オプションのポジションを清算するべき時がきた。

5 月 8 日の終値において、行使価格1.5850の 6 月のプットを0.0508で売り、行使価格1.5250のプットを0.0123で買い戻すことができた。その

図7.4　ユーロFX（日足 先物）

　結果、0.0385のネットクレジットを得ることができ、トータルで0.0211の正味利益を得る結果となった。どうしてプットのショートポジションを買い戻すのか？　それは、プットのロングポジションをひとたび清算したら、プットのショートポジションは損失を限定するための措置が"何もなされていない"状態になるからだ。「この後は反転するだろう」という予測が間違いであり、ユーロがさらに下落してしまったら、プットのショートポジションの損失は拡大し、その額はプットのロングで得た利益のすべてかそれ以上になってしまう可能性がある。実際には、**図7.5**が示すとおり、ユーロは史上最高値まで上昇していった。

　では、1.5273までという予想された値動きを達成したのに、なぜこのトレードは0.0211だけしか稼げず、0.0403という最大の潜在的リウォードを実現することができなかったのか？　原因の半分は、5月8日にユーロがターゲットプライスよりも93ポイント高い1.5366で終わったことによる（過去のオプション価格の日中の値動きを現時点で確認

第7章 オプション戦略 [基本編]

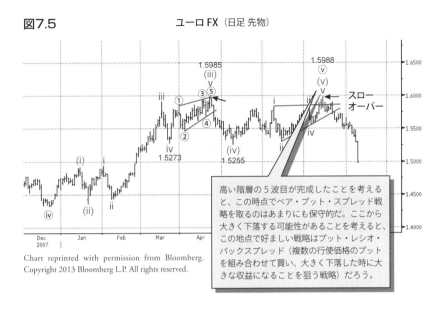

図7.5　ユーロFX（日足 先物）

Chart reprinted with permission from Bloomberg. Copyright 2013 Bloomberg L.P. All rights reserved.

高い階層の5波目が完成したことを考えると、この時点でベア・プット・スプレッド戦略を取るのはあまりにも保守的だ。ここから大きく下落する可能性があることを考えると、この地点で好ましい戦略はプット・レシオ・バックスプレッド（複数の行使価格のプットを組み合わせて買い、大きく下落した時に大きな収益になることを狙う戦略）だろう。

することができないので、ここでのシミュレーションは終値に基づいている）。

　しかし、実際には、6月限ユーロ先物オプションが1.5273の時にポジションを清算する注文を出すことができる。そうすれば、潜在的な利益の最大値に近付けることができるが、それでもまだ正確に最大値にはならない。というのも、この手の注文はいつも完璧に執行されるとは限らないし、ターゲットプライスに到達するのが理想よりも早く、たとえば行使期限日までの期間を1カ月も残して到達してしまったりするからだ。オプションに関しては、そのように行使期限がたっぷりあるものはコストがかかる。1.5850が行使価格のプットのロングポジションは最終的にディープITMになるので、それを売る時には本質的価値の変化分は稼げるが、行使期限までの残り期日が長いからといってその分を稼げるわけではない。

> オプションの**本質的価値**とは、イン・ザ・マネーの状態において原資産の価格とオプションの行使価格の差額のことである。

201

それと対照的に、プットのショートは結局ATMになるので、行使期限日までの残りの日数に対する価格の敏感性のために、それを買い戻すのにより多くのコストを支払う必要が出てくる。この議論のはじめに指摘した次のことを思い出していただきたい——ディープITMのオプションは、行使期限までの残り期間やインプライドボラティリティの変化に対してさほど敏感ではなく、その価値はほぼ原資産の価格の変化と1対1の対応をし、本質的価値と等しくなる。一方、ATMのオプションの価値は行使期限の残り期間やインプライドボラティリティの変化に最も敏感である。

私がシティバンクでトレーディングをしていた時、マーケットがどっちに向かうか知っているよと誰かが言ってきた際にはいつも、「『何がどうなるか』ではなく、『いつ！』なのかを教えてくれ」と冗談めかして言い返していた。エントリーとエグジットの時間をはかるという観点から、重要なのは価格が動きだすのが"いつ"なのかを知ることだと認識していた。

当時、私はこの警句がオプションスプレッドにとっていかに重要かがあまり分かっていなかった。ある種のオプション戦略においては、値動きがいつ終わるのかを知ることが、値動きがいつ始まるのかを知ることと同じくらい重要になる。だとすれば、読者は「エリオット波動のガイドラインによれば、ダイアゴナルを形成した時間の3分の1から2分の1の時間でターゲットプライスまで届くと考えられるのだから、どうしてこの見積もりに従って、行使期限がもっと短いオプションを選ばないのか？」と思われるだろう。それも可能だが、シナリオどおりにならない場合に備えた時間的余裕を考慮しなければならない、というのが回答だ。

このダイアゴナルを形成するのには4週間かかった。結果的には5月限のオプションの行使期限は5月9日であり、それはダイアゴナルの終点から約2週間の時点であったので、5月限のオプションを選べ

ば完璧だったと言える。５月８日にプットのショートポジションを買い戻しても、その翌日に行使期限がきたわけだから、タダ同然で買い戻せたことだろう。さらに、プットのロングポジションについては６月限のプットを買った場合とほとんど同じだけの利益が出せただろう。とすると、なぜ５月限のオプションを使わなかったのか？　やはり、時間減少との闘いを考えると、行使期限まで１カ月しか残っていないというのは危険性が高いし、ましてや行使期限までたった２週間しかないというのはかなりハラハラする状況である。どんなにエリオット波動の重要なガイドラインに当てはまるといっても、行使期限までの残り時間の少なさがリスクを生む場合には、ギリギリの時間設定が危険であることは確かだ。

　エリオット波動分析が相場の転換を示していても、それは必ずしも実際にポジションを取るべきだということを意味しているわけではない。ポジションを取るかどうかについて、その多くは自分のリスク選好にかかっている。とりわけ、プロテクティブストップの設定のしかたにおいては、これが当てはまる。リスク・リウォード・レシオがどんなによいとしても、耐えがたいほどの大きな潜在的リスクが隠れているかもしれない。相場を分析した結果に基づいて、自分のリスク選好にもマッチした戦略を取れるかどうか――つまり、相場分析の結果と自分のリスク選好の間に折り合い付けることは、難しい課題である。

［第７章　ウェイン・ゴーマン（ユーロ）］

確認テスト

1. ベア・プット・スプレッド戦略は、次のどの局面で最もよく機能するか？
   (A) 延長した3波
   (B) 5波
   (C) 収縮型ダイアゴナル
   (D) 短期の反トレンドの動き

2. 次の文章は○か×か？
   「すべての修正の動きが正味のリトレースメント（始点より終点が元の方向に戻る形）になるわけではない」

3. オプション戦略がエリオット波動を使うことでよく機能する理由は次のうちのどれか？
   (A) 波動のカウントは間違う可能性があるから
   (B) ひとつの有効な波動カウントに頼るトレードよりも、オプションを使うトレードのほうが有効な戦略を立てられるから
   (C) エリオット波動を使ってプロテクティブストップを設定するのはあまりにも難しいから
   (D) エリオット波動はオプション価格の予測モデルだから

答え：1.D　2.×　3.B

第8章

オプション戦略 ［上級編］

More Advanced Options Trades

　エリオット波動分析では、どんな時でも有効なカウントが複数存在するのが普通であり、それらのカウントが示すトレンドが反対方向になることもある。ロングかショートのどちらか一方のみの方針でトレードしようとするなら、最も起こりそうだと思うシナリオを選択してそれに集中するか、そうでなければ何もしないという選択しかない。しかし、オプションを使えば、別方向のトレンドを想定する複数のシナリオのもとでも、シナリオを成功に結び付ける戦略が可能になり傍観者でいる必要はなくなる。これを説明する2つのオプション戦略を以下に紹介しよう。

ベア・コール・ラダーで大きな値動きをキャッチする ——ヒーティングオイルの事例

　今後の値動きの方向性に関して、自分の予測に自信があるわけではないのに、これから起こりそうな大きな値動きに乗り損なうのが嫌で、ロングかショートのどちらか一方向にポジションを取ってしまったことはないだろうか？　そんな時は損切りとなってしまうのがオチだが、そんな経験は一度や二度にとどまらないのではないだろうか？　そうした経験をすると次にそのような状況になっても何もしなくなるもの

205

図8.1　　　　　ヒーティングオイル（週足のつなぎ足）

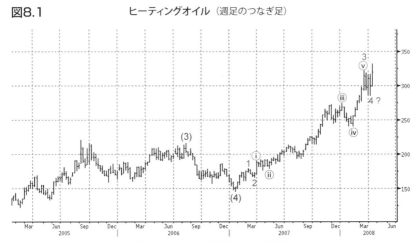

Chart reprinted with permission from Bloomberg. Copyright 2013 Bloomberg L.P. All rights reserved.

だが、そんな時にこそ大きな波動が起きてしまい、逃してしまったりする。エリオット波動分析は常にそのような不確実性を完全にカバーできるわけではないが、幸いにもオプション戦略を使えば有効な戦略を立てることができる。2008年のヒーティングオイル先物の事例を見てみよう。

　図8.1は、2008年4月11日までのヒーティングオイル先物の週足のつなぎ足チャートだ。

　2007年の安値から1波、2波、3波、そしておそらく4波とカウントでき、3波の副次波はⅰⅱⅲⅳⅴとカウントできる。この3波は延長しているように思われるが、商品は大きな階層の波動では通常は5波が延長する波となる。また、2つの波が延長するケースはまれだ。

　この事例では5波の上昇を狙ってヒーティングオイルのロングポジションを取る大きなチャンスのように思われる。ここで大事な問題は、4波が完了したのかどうかという点だ。図8.1の4波終点の位置からの小さな上昇は、おそらく拡大型フラットの一部であり、ヒーティン

図8.2　　　　　　ヒーティングオイル（週足のつなぎ足）

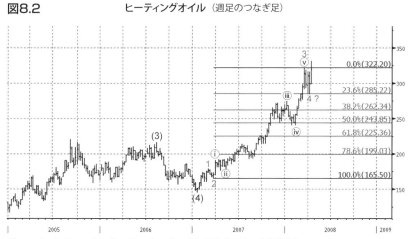

Chart reprinted with permission from Bloomberg. Copyright 2013 Bloomberg L.P. All rights reserved.

グオイル価格はもう一度下落するのではないかと思われる。もしくはこの後の5波による急騰の初動であると考えることもできる。戦略を決める前に、下落で利益を取るチャンスと上昇で利益を取るチャンスを定量化する必要がある。最初に4波によるリトレースメントについて検討してみよう。

　修正の動きというのは、必ず修正する対象となる波を正味リトレースする動きとなる。たとえば上昇波動において、4波の終点は3波終点より下に行く形になる。そうでないと、4波とカウントしている波は3波に対する修正の動きとは判定できない。**図8.2**を見ると、4波は3波の0.236倍だけ修正して284.89まで下落していることが分かる。これは浅い修正だが修正波として認められる範囲だ。

> 修正波の動きは必ず修正する対象となる波を正味リトレースする。

　しかし、3波の0.382倍のほうが、4波のリトレースメントとしてははるかに一般的だ。それよりさらに注目されるポイントは、4波は3

207

図8.3　　　　　ヒーティングオイル（週足のつなぎ足）

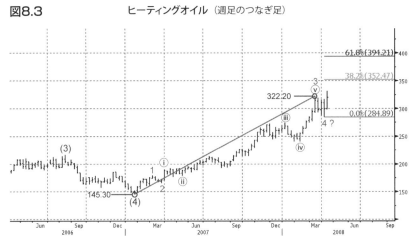

Chart reprinted with permission from Bloomberg. Copyright 2013 Bloomberg L.P. All rights reserved.

波の副次波の4波（つまり3波の⒤波）の範囲にまだ届いていないということだ。4波の終点のメドはその前の波である3波の副次波の4波の範囲、というのがエリオット波動のガイドラインだ。以上で述べたどちらの事実も4波はまだ下落する可能性があるということを示唆している。

　次に上昇の可能性について検討しよう。図8.3のように、フィボナッチ比率を使った倍率による2つの一般的な計算法で5波の終点を計算した。ひとつは1波から3波の距離を0.382倍して4波終点に加えて求めた352.47、もうひとつは1波から3波の距離を0.618倍して4波終点に加えて求めた394.21だ。

　4月11日の高値は332.04なので6～19％の上昇余地があるということになる。

　図8.4では、フィボナッチ比率を使って波動全体を分割する考え方により5波終点の目標を計算する方法を示している。4波の終点もしくは始点は、しばしばインパルス全体を黄金比率（0.618と0.382）か均

図8.4　　　　　　ヒーティングオイル（週足のつなぎ足）

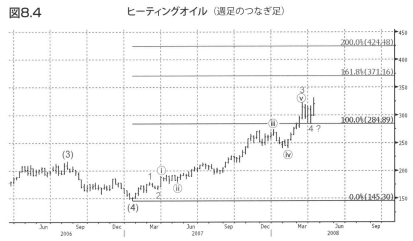

Chart reprinted with permission from Bloomberg. Copyright 2013 Bloomberg L.P. All rights reserved.

等な比率で分割する。このチャートは４波終点を基準にしてこれらの比率で波を２分割した状況を示している。黄金比率分割になるためには、５波終点は371.16ということになるが、これは先ほど計算した２つのフィボナッチ倍率を用いた見積もりの数値（352.47と394.21）のあいだに位置する。もし４波終点が全体を均等に分けるなら、５波終点は424.48になる、これはフィボナッチ比率を使った倍率に基づく見積もりの高いほうをさらに超えるターゲットプライスだ。頼りにできるようなフィボナッチクラスター（267ページ参照）は見当たらないが、５波がより高い価格になる可能性が示されている。「３波が延長している場合には５波は１波と同程度の大きさになる」というガイドラインがあるので、まずはこのガイドラインで計算される価格がターゲットになるが、それを超えると、ここで計算したように一段と高いターゲットプライスが見えてくる。

　オプション価格は時間の変化に大きく影響を受けるので、そのオプションを利用してトレードするためには５波の時間的目標を見極める

209

図8.5

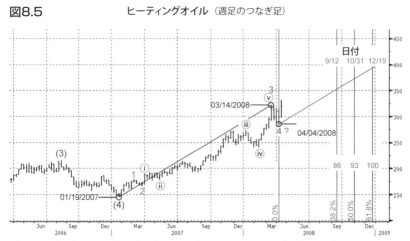

Chart reprinted with permission from Bloomberg. Copyright 2013 Bloomberg L.P. All rights reserved.

必要がある。

　図8.5は、私が５波終点の目標値を見積もるために使うフィボナッチ時間倍率について説明している。ガイドラインによると、５波の持続時間は１波から３波の持続時間と等しいか、その0.382倍、0.5倍か0.618倍がメドになるということだ。この週足のバーチャートにおいて、これらの時間倍率がどこに該当するかを見て取ることができる。それは2008年の９月12日、10月31日、12月19日である。

　ここでのジレンマは、４波は拡大型フラットとして展開してここから下落する可能性もあるし、トライアングルの形で横向きに展開する可能性もある、ということだ。また、４波は終了して、現在５波の上昇の最中という可能性もある。ここでロングポジションを取った場合、その後、拡大型フラットになればストップに引っかかって損切りとなるだろうし、トライアングルになったら細かく損切りさせられることだろう。損失が怖くて何もしない場合には大きな上昇のチャンスを逃す可能性がある。どう解決したらよいのだろうか？　この状況にピッ

210

図8.6

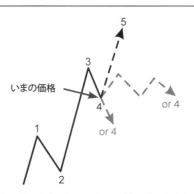

ベア・コール・ラダー

高い行使価格の OTM コール 1 枚「買い」
OTM コール 1 枚「買い」
ATM コール 1 枚「売り」
ネットクレジット

強気の戦略
比較的長期（3－6カ月）の戦略
最大リスクは最初の2つのコールの行使価格の差からネットクレジットを差し引いた金額
最大のリウォードは無制限

損益分岐点1　ショートしたコールの行使価格にネットクレジットを加えた金額
損益分岐点2　ロングしたコールの高いほうの行使価格に最大リスクを加えた金額

タリ合うオプション戦略は"ベア・コール・ラダー"と呼ばれるものだ。これはショート・コール・ラダーとしても知られている。**図8.6**はエリオット波動によるいくつかのシナリオと、このオプション戦略の概要を説明している。

　オプションに関する文献によると、ベア・コール・ラダー戦略はあいまいかつ分かりづらいものとして分類されている。これは強気の戦略なのか、弱気の戦略なのか。この戦略ではアット・ザ・マネー（ATM）のコールを売るが、それと同時に2種類のアウト・オブ・ザ・マネー（OTM）のコールを買う。これはいったいどういうことだろうか？　皮肉なことだが、これはエリオット波動の観点からするとあいまいな戦略ではない。メインシナリオではなく代替シナリオが起きた場合も想定し、その場合に対応する防御策も施されているのだ。では、この戦略がそうした状況でどうして役に立つのかを詳しく見ていこう。

　ベア・コール・ラダーは基本的に強気の戦略だ。それは比較的長期

的な戦略であり、3カ月から6カ月のトレードに適応できる。具体的なポジションの組み方は、ATMコールを1枚売り、それで得た資金でOTMコールを1枚買い、もう1枚のさらに行使価格が遠いOTMコールを買うという形になる。この戦略の効果を最大化するために、ネットクレジットにする、つまりオプション売買による現金収支をプラスにする必要がある。この取引のリスクは最大でも最初の2つのコールの行使価格の差からネットクレジットを引いたものに限定され、最大のリウォードには上限がない──この戦略には2つの損益分岐点がある。ひとつはショートしたコールの行使価格にネットクレジット分の金額を加えた水準だ。もうひとつはロングしたコールの高いほうの行使価格に最大リスクの金額を加えた水準であり、それは追加で買ったOTMコールの行使価格を超えた水準になる。もし、マーケットがその時点から行使期限にかけて、下落するかショートしたコールの行使価格近辺で横向きの動きになるようなら、ネットクレジットを確保して取引を清算したほうがいいだろう。あるいはマーケットがその時点と行使期限までのあいだに力強く上昇するようなら、追加して買ったOTMコールが値上がりする。もし、マーケットが少しだけ上昇するという場合には少し損をすることになる。

　要するに、この戦略は大きな上昇に賭けているわけだが、価格が上昇するにせよ下落するにせよ、この戦略にはそれらの動きに対する防御策が施されている。もし損をするとすれば、メイントレンドの方向に少ししか動かなかった場合だ。つまり、少ししか上昇しないケースを犠牲にして、大きな上昇、横向きの動き、下落の動きのどれかになることに賭けているということだ。この戦略は、強気な見通しであるものの、同時に下落や横ばいの動きになる可能性に対しても神経質にならざるを得ない時に役立つ（弱気市場において取るその反対の戦略を"ブル・プット・ラダー"といい、プットを使って反対方向に同じようなポジションを組む）。

第8章 オプション戦略［上級編］

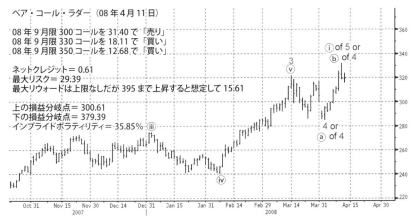

図8.7　ヒーティングオイル（日足のつなぎ足）

Chart reprinted with permission from Bloomberg. Copyright 2013 Bloomberg L.P. All rights reserved.

　この戦略をヒーティングオイルの例に適用してみよう。**図8.7**は、4波の動きをクローズアップしたヒーティングオイル先物の日足のつなぎ足チャートだ。

　3波終点からの下落は、おそらく4波のⓐ波、それに続く上昇はⓑ波だろう。そして、そこからⓒ波による下落が続くと想定されるところだ。4波はトライアングルやフラットや複合修正波などの横ばいの動きになる可能性もある。もしくは、すでに4波は完成して5波がスタートしていて、ここから急騰する可能性もある。

　こうした状況の時にこそベア・コール・ラダー戦略を使う絶好の機会だ。4月11日、私は9月限で行使価格300のコールを31.40で売った。この9月限オプションは9月限先物に基づいているものだ。4月11日の9月先物の高値は316.05、安値は311.60であった。日足のつなぎ足チャートで期近物は5月先物であり、その高値は323.76、安値は315.57であった。ゆえにこの時、9月限先物は5月限先物よりも少しディスカウントされて取引されていたということになる。私は9月限を取引し

213

ていたが、エリオット波動分析についてはつなぎ足チャートで行って
いた。過去にさかのぼって連続的な価格データを用いることが波動パ
ターンを理解するうえで役に立つからだ。9月限のオプションは2008
年8月26日に行使期限がくるが、これは0.382倍という時間関係（1波
から3波の時間に対して5波の時間が0.382倍になる時間関係というこ
と）に近いものだ（**図8.5**参照）。この場合、5カ月間という時間が与
えられることになり、ここで考えているのは短期的な戦略ではないの
で適当な時間と言える。比較的高い階層の比較的大きな波動を探して
いるのだ、ということを忘れないでほしい。行使価格300のコールはわ
ずかにITMの状態であり、9月限先物は312から316のあたりで取引さ
れていた。ここでOTMの9月限330コールを18.11で買うことにしよう。
先物が30ポイントに満たない小幅な上昇しかしなければ、このコール
は行使価格を上回らないことになる。しかし、この戦略を遂行するた
めには小さな値動きのケースを犠牲にしなければならない。

　さらにOTMの9月限350コールを12.68で買うことにしよう。なぜ
350なのか？　思い出していただけば分かるとおり、5波が1波から3
波の0.382倍だとしても352.47まで上昇すると想定されるからだ（**図8.3**
参照）。私としては、5波は最低でも352まで上昇し、それよりもっと
上昇する可能性があると想定しているのだ。以上のポジションのネッ
トクレジットは0.61、最大リスクは29.39。最大リウォードはテクニカ
ル的には上限がないが、先に見たように394.21がよいターゲットとな
る（**図8.3**）。端数を切り上げると395となるので、この水準をターゲ
ットと考えると、このトレードで期待される収益は15.61になる。

　少なくとも、マーケットは352まで上昇すると考えられるところだが、
低いほうの損益分岐点は300.61で、高いほうの損益分岐点は379.39、イ
ンプライドボラティリティは35.85％だ。もし株価が崩れて大きく下落
したら、ネットクレジット分の利益を得ることになる。

　図8.8はその後の結果を示している。ご覧のとおりヒーティングオ

第8章　オプション戦略［上級編］

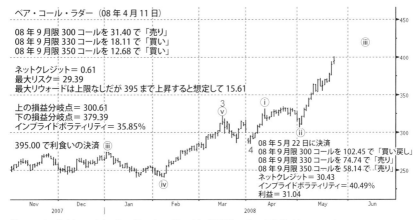

図8.8　　　　　　　ヒーティングオイル（日足のつなぎ足）

Chart reprinted with permission from Bloomberg. Copyright 2013 Bloomberg L.P. All rights reserved.

イルは急上昇した。このチャートは6月限先物であり、最後の足は5月22日。高値401.53、安値390.80を示しており、価格は394のレベルに達したことになる。9月限先物は高値406.65、安値397.53を記録し、期近物に対してプレミアが付きはじめた[15]。

　ポジションを解消する時がきた。9月限の300コールを102.45で買い戻し、330コールを74.74で売り、350コールを58.14で売ることにする。このトレードでは、トレードの最初に得たネットクレジット0.61に加えてポジション解消時に30.43のネットクレジットを得ることになる。ATMオプションのインプライドボラティリティは40.49％となっているが、これは少し誤解を招くものだ。この数字は6月物に関係するものであり、それはまだ2週間ほどしかトレードされていない。この取引にとって意味のある9月物のボラティリティは、ほぼ34％だったので、ポジションを組んだ当初からそれほど変化はなかった。最

> 損益分岐点は清算期日におけるオプションの価値次第だ。期日前には、期日までの残り期間と価格のボラティリティによって上下動する。

215

Chart reprinted with permission from Bloomberg. Copyright 2013 Bloomberg L.P. All rights reserved.

　終的にこのトレードは正味31.04ポイントの収益を生み出した。
　図8.9のように、5波は415.86で終わったが、これは図8.4で示した424.48の水準に近い。424.48の水準は4波終点がインパルス全体を均等に分ける形になる水準であり、ターゲット計算のひとつにほぼ合致するものだ。
　あとになってから「あそこはロングするべきだったし、そうすればもっと儲けることができた」などと言うのは簡単だ。しかし、本当にそこでロングできただろうか？　その場合、ストップはどこに置くのか？　4波の終点か？　しかし、そのようなトレードのしかたはあまりにもリスクが大きい。ロングポジションやショートポジションを取るのもノーポジションでいるのも躊躇してしまう状況ならば、この事例のようにオプション戦略がよい代替手段となってくれる。この戦略で大事な点は、最初の段階でネットクレジットを得ることができるというところだが、常にそれが可能というわけではない。そういうチャンスが到来するまで待つ必要があり、また、見つけられるかどうかはその時

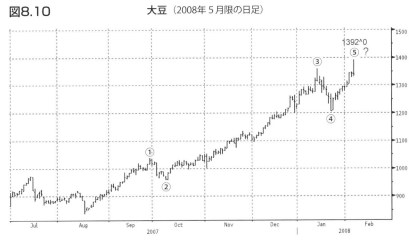

図8.10　　　　大豆（2008年5月限の日足）

Chart reprinted with permission from Bloomberg. Copyright 2013 Bloomberg L.P. All rights reserved.

のマーケットの状況次第だ[16]。

ロングストラドルで5波の吹き上がる動きを狙う── 大豆の事例

　前項の事例において、狙える利益がかなり大きかったらどうだろうか？　言い換えれば、比較的短期間に10～15％程度の上昇か下落がありそうだという想定をエリオット波動分析から得られた場合はどうか？　そんな場合でも何もせず傍観するだろうか？　この事例はそうしたジレンマをどう解決すればよいのかを取り上げた。

　図8.10は2008年5月限の大豆先物のすべての取引時間をつなぎ合わせた日足の2008年2月6日までのチャートだ。大豆先物は「1ブッシェル当たり××セント」というように価格表示され、値段の刻みは4分の1セントであり、「8分の×」というように表示される。たとえば、1436^6は、1436と8分の6セントを意味する。1セントは1ポイント

217

図8.11　　　　　　　　　　大豆（2008年5月限の日足）

Chart reprinted with permission from Bloomberg. Copyright 2013 Bloomberg L.P. All rights reserved.

と等しく、1ポイントというのは先物1枚当たり50ドルに相当する。

　2007年8月16日の安値から、1392^0ドルの高値まで5波動でインパルスを形成しているとカウントできるが、ここでの疑問は⑤波は終わったのか、少なくとも終わりに近付いているのか、ということだ。そうだとしたら、ここから大きな下落がくるのだろうか？　あるいは上昇波動が終わっていないのなら、ここから大きな上昇がくるのだろうか？　エリオット波動分析を使い両方のシナリオを検討してみようと思うが、まずは大きな下落が差し迫っているというシナリオのほうから始めよう。

　図8.11では5波動のインパルスにチャネルを描いた。⑤波はチャネルの上値ラインに近付いており、上昇波動が終了して下降転換が差し迫っていることを示唆している。では、このチャネルの上限ラインが来月までに到達する範囲の1400から1450の近辺にフィボナッチクラスターが存在するかどうかを見てみよう。もしそうなら、転換が迫っているという想定をさらに裏付けるものとなるだろう。

218

図8.12

Chart reprinted with permission from Bloomberg. Copyright 2013 Bloomberg L.P. All rights reserved.

図8.13

Chart reprinted with permission from Bloomberg. Copyright 2013 Bloomberg L.P. All rights reserved.

　図8.12のとおり、⑤波終点が1435^6で終了するならば、④波の終点はインパルス全体を黄金比率で分割する形となる。

　一方、図8.13のように、⑤波終点が1407^0で終了するならば、⑤

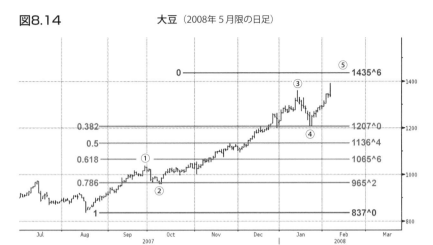

図8.14　大豆（2008年5月限の日足）

Chart reprinted with permission from Bloomberg. Copyright 2013 Bloomberg L.P. All rights reserved.

波の大きさが①波から③波までの値幅の0.382倍ということなる。以上、⑤波終点の2つのターゲットプライスを計算したが、これらはお互いに近く、直近高値1392^0をわずかに超える水準だ。もし⑤波がこれに近い水準で終わるなら、その後価格がどこまで下がりそうなのか、次はその点について考えていこう。

　保守的な見積もりから始めるために、浅いリトレースメントになる場合を考えてみよう（**図8.14**）。⑤波が1435^6でピークを付けるならば、①波から⑤波までの上昇に対する0.382倍のリトレースメントは1207^0となるが、この水準は黄金比で計算したリトレースメントの計算値の高いほうに相当する。また、1207^0という水準は④波の安値とも一致している。ここに到達すれば高値から約16％の下落ということになる。もし、⑤波が直近高値1392^0でピークとなるなら、0.382倍のリトレースメントは1180となる。これは高値から15％の下落ということになる。さらに大きな下落の可能性がないのか、もっと長期的なチャートで検討してみよう。

220

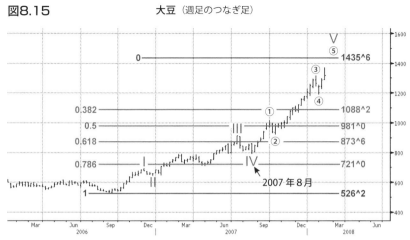

図8.15 大豆（週足のつなぎ足）

Chart reprinted with permission from Bloomberg. Copyright 2013 Bloomberg L.P. All rights reserved.

　図8.15は、2008年2月6日までの大豆先物の週足のつなぎ足チャートだ。

　2007年8月の安値から始まったインパルスは、2006年9月の安値526^2から始まった大きなインパルスの中のⅤ波が延長しているように見える。Ⅴ波の⑤波が1435^6で終了するのなら、Ⅰ波からⅤ波の上昇に対する0.382倍のリトレースメントは1088^2となり、高値から24％の下落になる。5波の延長波の完成後は延長波の副次波2波の範囲まで修正することがしばしばあるが、その場合には900近くまで下落するという想定になる。この週足のつなぎ足チャートに関して、Ⅴ波の⑤波が1418^0で終わるのなら、Ⅴ波の大きさはⅠ波からⅢ波までの距離の1.618倍となる、ということを付け加えておく。これは延長した5波に関する一般的なフィボナッチ比率の関係だ。以上のように、頂点に近いというシナリオを立証する観点では、フィボナッチクラスターが1400台の低い水準にあり、このことは下落方向の大きな修正の動きが差し迫っていることを示唆している、という根拠が得られた。

図8.16　　　　　　　　大豆（週足のつなぎ足）

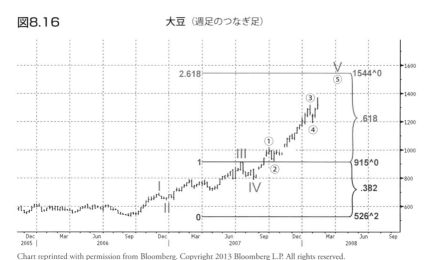

Chart reprinted with permission from Bloomberg. Copyright 2013 Bloomberg L.P. All rights reserved.

> **ブローオフ**とはしばしばパニック買いを伴う急激な上昇のことであり、その後、同じくらい急激な下落が続くという動き。

　次に、さらに上昇するというシナリオについて検討してみよう。商品相場では5波が延長してブローオフ（blow-off）と呼ばれる垂直に近い値動きで終了するのが普通だ。Ⅴ波の延長の中では、⑤波が延長して、想定していたよりもはるかに高い水準まで上昇してしまう可能性もある。

　では、フィボナッチ比率関係のガイドラインでは、この上昇に関してどのようなターゲットプライスが得られるのか、その点について見ていこう。**図8.16**の長期的なチャートのⅠ～Ⅴ波からなるインパルスがⅣ波で図のように黄金比率に分割される場合について考えてみよう。この場合、Ⅳ波の始点もしくは終点で黄金比率に分割されるという想定ができるが、始点で黄金比率に分割されるという形になる場合には、Ⅴ波終点は1544^0と計算される。延長波の副次波というのは、延長していないⅠ波やⅢ波と同程度かそれ以上の大きさになると考えられる点に注目してほしい。1544^0まで上昇すると想定するなら、11％程度

222

図8.17　　　　　大豆（2008年5月限の日足）

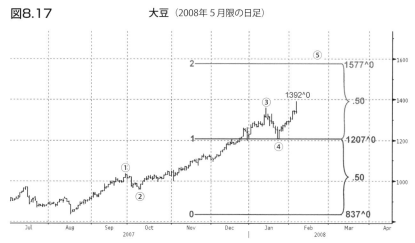

Chart reprinted with permission from Bloomberg. Copyright 2013 Bloomberg L.P. All rights reserved.

の上昇余地があるということになる。

　次に図8.17を見てみよう。これは2008年5月限の日足チャートであり、Ⅴ波の副次波が①～⑤と展開するカウントと想定が書かれている。ここで、④波終点が①～⑤波を黄金比率に分割するという想定をするのがエリオット波動における一般的な考えだが、等分に分割するという想定もできると筆者は考えており、その場合には⑤波終点は1577^0と計算できる。この場合、直近高値から約13％の上昇余地があるということになる。

　図8.18のように、⑤波が①波から③波までの大きさの0.618倍になるという想定も可能だ。この場合、⑤波終点は1530^4と計算できるが、約10％の上昇余地があるということになる。以上のように、1500台半ば付近にフィボナッチクラスターが確認でき、価格はインパルスを形成しながらその水準に向かっている状況だ。

　さらに高値を目指すという想定もできる。商品相場ではⅤ波の中の⑤波が延長することも多いからだ。⑤波が延長する場合、その終点の

223

図8.18　　　大豆（2008年5月限の日足）

Chart reprinted with permission from Bloomberg. Copyright 2013 Bloomberg L.P. All rights reserved.

ターゲットプライスとしては1806や2054などの計算値が得られる。いずれにしても、大きく上昇するという想定が可能なわけだ。

図8.19は、以上の分析に基づく予測と、単純な売りか買いの戦略しか取れない場合に直面するジレンマを表している。この状況で価格がどちらかの方向に動きだしたらどうしたらいいのか？　こういう場合に最適なのが"ロングストラドル"と呼ばれるオプション戦略である。

図8.20は、エリオット波動の観点からロングストラドルに適したシナリオを説明し、その概要を示している。

ロングストラドルのポジションを組むには、ATMのコールとATMのプットを買う。このようにして、上昇か下落かどちらかの大きな値動きが起きることに賭けるポジションを取ると、売買代金の収支はネットデビット、つまり資金流出となる。どちらのオプションも同じ行使価格で同じ行使期限のものとする。行使期限は通常、約3カ月先のものを対象とする。このトレードの仕組みはとても単純だ。オプションの購入代金を考慮し、行使期限内に上下どちらかに利益を生みだす

図8.19　　　　　　　大豆（2008年5月限の日足）

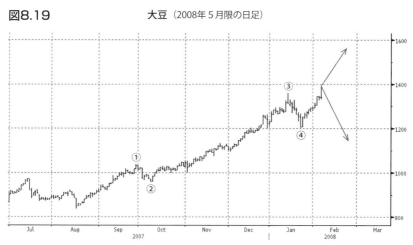

Chart reprinted with permission from Bloomberg. Copyright 2013 Bloomberg L.P. All rights reserved.

図8.20

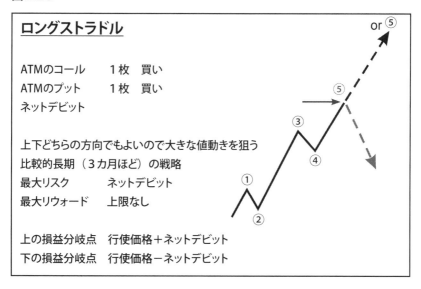

図8.21

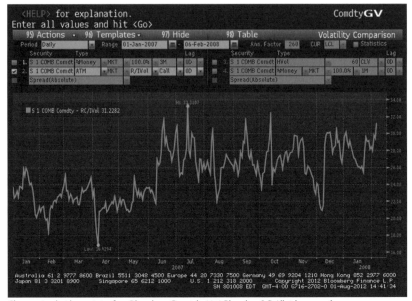

Chart reprinted with permission from Bloomberg. Copyright 2013 Bloomberg L.P. All rights reserved.

ための十分な値動きがあるかどうか、それを判断するということである。

　エリオット波動分析を使い、上昇と下落の余地についてはすでに考えた。次は、オプションの購入代金とその想定を考慮して、上昇した場合と下落した場合の2つの損益分岐点を計算するが、もし、横ばいの動きになれば損失という結果になる。

　先に挙げた例と同じように、ATMオプションを買う時のコストの大半はボラティリティによるものだ。図8.21は、大豆の期近のATMオプションのボラティリティのチャートだ。

　このデータからは思わしくない情報が見て取れる——いまオプションを買うと、このマーケットの過去12カ月中でほぼ最高値のボラティリティのプレミアムを支払うことになる。それでも損益分岐点が予想

第8章　オプション戦略［上級編］

の範囲に収まるなら、取引してもいいだろう。取引のコストを減らす別の方法は、想定される波動パターンが展開するために十分な期間を確保したうえで行使期限をできるだけ短期間にすることだ。

では、この状況でそうしたトレードが可能かどうかを検証してみよう。

もし、行使期限が3カ月離れて5月ということになると、これはあまりにも値段が高くなる。2008年4月オプションということになると、行使期限は3月20日なので収益を得るチャンスはある。期限は2カ月よりもわずかに少なく、原資産は2008年5月限の先物だ。

フィボナッチの時間分析を使うと、⑤波が3月13日まで続くならインパルス全体（①波から⑤波まで）はフィボナッチ数である144日続くことになる。次に、⑤波が3月19日に終われば、⑤波の期間は①波から③波の期間の0.382倍になる。最後に、長期チャートにおいては、Ⅴ波が2月22日に終わると、Ⅴ波はⅠ波からⅢ波の期間の0.618倍になる。⑤波の期間としては①波から③波の期間の50％や61.8％になる可能性にも留意しつつ、以上のことから2月22日から3月19日の期間が転換点になる可能性が高いと考えられる。この期間の最終日はオプション行使期限の1日前となっている。

> コストを下げるもうひとつの戦略はロングストラドルを使うことだ。この戦略では、わずかにOTMのプットとコールを買う。その際には、上下の損益分岐点を計算して、戦略が自分の想定と整合的なのかどうかを検討すること。

これで時間は十分と言えるだろうか？　おそらく十分だろう。

そこで**図8.22**のように私はストラドルのポジションを組んだ。2月6日に2008年5月限先物は1332から1392のあいだで取引され1339で終了した。ここで私は2008年4月限の1340コールを60で、1340プットを61で買った。この取引の収支は121ポイントのネットデビット（現金流出）だった。損益分岐点は上が1461、下が1219だ。どちらも先ほど計算した想定価格の範囲内である。では、この後相場がどう動いたかを

227

Chart reprinted with permission from Bloomberg. Copyright 2013 Bloomberg L.P. All rights reserved.

見てみよう。

　図8.23は３月３日の様子を示している。価格は急騰して上値目標の1577^0に到達し、さらに高値1586^2を付けた。この動きは⑤波のスローオーバーであることに注目してほしい。行使期限まで２週間だけを残しているが、コールポジションをこれ以上持ちつづけることにもう大きな優位性は見出せないので私はコールを３月３日に222¼ポイントで売った。この時、原資産である2008年５月先物の終値は1559^4で、結果、101¼ポイントの利益となった。この時、プットはかなりのOTMの状態であり、ほとんど価値がなかった。このような状況ならプットは所有したままでいるのがいいだろう。もしここが原資産価格の噴き値天井だったとしたら、その後は急反落が起きるはずである。そうなる可能性はおそらく小さいものであろうが、もしそうなったらプットから利益を得ることができるだろう。

　どちらにしても、この時点ですでにトレードは成功したと言える。では、プットの行使期限である３月20日まで進めてみよう（**図8.24**）。

第8章　オプション戦略［上級編］

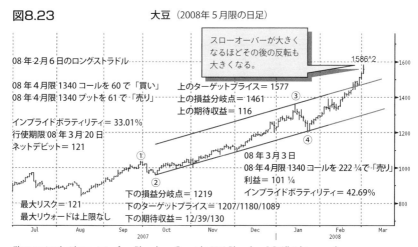

図8.23　大豆（2008年5月限の日足）

図8.24　大豆（2008年5月限の日足）

　大豆は値崩れして、下がりっぱなしとなり──見通しどおり──1207の水準まで下がりその日の取引を終えた。この値動きによりプットは行使期限日に133ポイントのITMとなり、これでこのストラドル

229

図8.25　大豆（2008年5月限の日足）

のトータルの利益は234 1/4ポイントになった。

　その後の動きは図8.25のようになった。大豆は1106^4の安値まで下落し、そこからリバウンドした。どんな上昇相場でもチャネルの下値ラインが強固な抵抗線として働くのが一般によく起こる動きだ。しかし、このケースでは2008年6月16日まで下値ラインを大きく割り込まずにきたのだが、この上昇はあまり長く続かなかった。

　この事例は、エリオット波動分析によって価格が上下のどちらの方向にも動くという結論が得られるケースであった。この状況はプロテクティブストップを伴う何らかの方法で切り抜けられたかもしれないが、そうでなければ大きな損失になった可能性もある。それに対して、ここで選択したオプション戦略は、波動カウントによく適合した有効な代替戦略となってくれたし、ご覧いただいたとおり、収益獲得のための新しい境地を切りひらいてくれた。

　このようにオプション戦略を頭に入れておくことで、エリオット波動を使うことの優位性が広がり（トレンドの方向性や値動きの大きさ

第8章　オプション戦略［上級編］

だけでなく、横ばいの動きが近い将来も続きそうなのかどうかも見極められる）、トレードに生かすことができるようになる。この大豆市場の事例では、波動のパターンは近い将来に大きく値動きするという確証が得られたので、ロングストラドルを採用することでボラティリティを最良の友とすることができたのだ。

［第8章　ウェイン・ゴーマン（ヒーティングオイル、大豆)］

確認テスト

1. 延長波に関して正しいのはどれか？
   （A）1波は通常延長する
   （B）商品相場において4波は通常延長する
   （C）ダブルエクステンション（二重の延長）は普通インパルスが
   　　　非常に巨大化することによって起きる
   （D）商品相場においてしばしば5波が延長する

2. ベア・コール・ラダー戦略が最も適しているのは次のどの局面
   か？
   （A）波動のカウントに関してまったく分からなくなったとき
   （B）4波において波動が横ばいか下落となることが想定される
   　　　とき
   （C）自分の相場見通しは上向きだが、マーケットは横ばいか下
   　　　落となる可能性も考えられるとき
   （D）5波かC波で急激な動きがあると思われるとき

3. しばしば、損を重ねやすい状況になりやすいのは次のどの局面
   か？
   （A）延長した3波
   （B）ジグザグ
   （C）拡大型フラットと拡大型トライアングル
   （D）トランケーションした5波

4. 延長した5波はどのくらいの長さになると想定できるか？
   （A）1波から3波の距離の1.618倍
   （B）1波と2波の合計と同じ距離

第8章　オプション戦略［上級編］

（C）　３波の0.618倍
（D）　１波の２倍

答え：1.D　2.C　3.C　4.A

233

第9章

おわりに

Parting Thoughts

ジェフリー・ケネディからみなさんへ

　持続的に成功するトレーダーになるために必要なことはいったい何か。それは、明確なトレード手法や従うべき規律をしっかりと身につけ、資金管理のルールや忍耐力、そして現実的な利益目標を持つことだ。このうちのどれかが欠ければ、トレードに成功できないだけでなく、損失を出してしまうことにもなる。

　なぜそうした規律が重要なのか、ひとつの例を挙げてみよう。私が言うところの規律とは、群集の動き —— 高値で買ったり安値で売ったりすることで、結果お金を失う —— に流されることなく、自分自身のトレードプランを貫きとおせる能力のことだ。

　2009年の終わりに、ウォール・ストリート・ジャーナルは、2000年から2009年のあいだにどの株式ファンドが最も成功を収めたかを調査をした。記事によると10年間で最もパフォーマンスがよかった投資信託（ミューチュアルファンド）はCGMフォーカス・ファンドで、年率18.2％の値上がりだった（"Best Stock Fund of the Decade: CGM Focus" by Eleanor Laise, December 31, 2009）。

　この驚くべきリターンのおかげで、投資家は10年のあいだに10万ドルが50万ドル以上に増えるのを目の当たりにしたことになる。ところ

が不幸にも、CGMフォーカスに投資した人は平均で年率11％の損失を出したとモーニングスターは伝えている。言い換えれば、当初の10万ドルの資金が３万ドルをわずかに超える水準まで徐々に減っていったことになる。

どうして10年間のベストパフォーマンスに選ばれたミューチュアルファンドに投資した人が損失を被ったのか。ロバート・プレクターは自身の発行するマーケットレター『The Elliott Wave Theorist』の2011年４月号で、「それは投資家の群集心理のせいだ」と指摘している。毎度のようにファンドのリターンが急上昇すると投資家はCGMフォーカス・ファンドにどんどん資金を投入するのだが、リターンが悪くなっても投資家は早く資金を引き上げることができない。強気相場で投資家たちがお金を失っている、とは驚くべきことだが、これはあまりにもありふれたトレードの現実である。

これが基本的なリスク管理のルールに従うのが賢明だとする理由だ。成功している個人投資家の多くは、各々のポジションに対するリスクをポートフォリオ全体の１～３％に制限している。このルールを5000ドル運用している口座に当てはめてみると、１回のトレードで取れるリスクは50ドルから150ドルに制限されるということになる。私たちがリスクに関して推奨しているガイドラインは、最低でも３対１以上のリスク・リウォード・レシオを維持するべきというものだ。すなわち、仮にいま目の前にあるトレードチャンスのリスクが500ドルだとすると、そのトレードの利益目標は1500ドルかそれ以上でなければならないという意味になる（リスク・リウォード・レシオと呼ばれてはいるが、慣習的にリウォードを先に表記することになっているということを思い出してほしい。ゆえに３対１のリスク・リウォード・レシオは望ましい数値だということになる。正確には"リウォード・リスク・レシオ"と呼ぶべきものなのだ）。

方法論や規律や資金管理のテクニックをもってしても、忍耐力がな

ければトレードは滅茶苦茶になる。どうすれば忍耐力の不足を克服できるのか？　それには2つの誘因──恐怖と退屈──を理解することだ。焦りを解消する最初のステップは、トレードを行うための最低限の条件をはっきりと決めてそれ以外は何もしないと誓うことだ。次に、「明日、来週、来年、あるいは何年後でもマーケットは存在するので理想的なチャンスを待つ時間がたっぷりある」ということを自分に言い聞かせて心に余裕を持つことだ。トレードはレースではない。トレードのしすぎによって収支を改善させることはほとんどないということを忘れないように。

　トレード手腕を改善することがひとつあるとすれば、それは忍耐強さだ。粘り強く待ち、本書で紹介したような波動パターンや信頼性の高いトレード状況でのトレードに集中しよう。成功を続けるトレーダーになれるか否かは、トレードの量の問題ではない。質の問題である。

　持続的にトレードで成功を続けるのは簡単なことではない。とても大変なことだ。もし誰かが、安易な方法を勧めてきたら、ただちにその反対の道（ハードワークを行う道）を選ぶこと。きっと報われるはずだ──平均を上回るリターンやそれに伴う満足感、そして、大きな一発を当てた後の快感はお金では買えない価値がある。しかし、リターンに関しては現実的に考えなければならない。本書の冒頭で述べたことを思い出してほしいのだが、トレードを始めて1年目のトレーダーにとって現実的な目標の中でも上出来と思われる目標水準は、「資金を失わないこと」である。もし0％のリターン（損をしないこと）を達成できれば、それは多くのトレーダーからひとつ頭を抜け出して持続的に成功を続けるトレーダーへの道を歩んでいることになる。そして2年目に5〜10％のリターンに挑戦すればいい。

　トレードは個人的な行為だ。すべては自分次第であり、相場の悪い日に心配になったり、相場のいい日に満足したりウキウキしたりという感情をどうコントロールするかにかかっている。トレーダーとして

237

の自分は何者なのか、トレードにおける自分の役割を理解し、感情の
コントロールを学ぶことが、トレーダーとして成功するか失敗するか
の最終的な分岐点となる。エリオット波動を使うことで波動の構造を
見定めることができ、トレードを始めてから相場が早く動いた時にも
頭の中をスッキリと整理することができる。しかし、それは感情的に
なるのを防いでくれるわけではない。自分のお金が関わっている時、感
情は強力な敵になってしまう。いま一度この本に書いてあるトレード
事例を読み返して、それが何を意味しているのか理解されたい。

　トレードに関する方法論、規律、資金管理、忍耐、そして現実的な
目標の重要性について学ぶには、マーク・ダグラス著『規律とトレー
ダー：相場心理分析入門』とバン・K・タープ著『ポジションサイジ
ング入門』（ともにパンローリング）を読まれることを強くお勧めした
い。

ウェイン・ゴーマンからみなさんへ

　すべてのトレーダーにそれぞれのトレーディングスタイルがある。た
とえば、私はいくぶんリスクのあるトレードを好む。私はエリオット
波動を使ってトレードを行うが、トレンドの転換が確定するのを待つ
のではなく、トレンド転換を先取りしてなるべく早めに仕掛けるのが
好きだ。つまり、トレンドが本当に転換したという証拠を待つ代わり
に、エントリーに最も適した位置や最もタイトなプロテクティブスト
ップの位置を探すのだ。

　マーケットがどちらの方向に向かっているかの予想をすれば、それ
が間違いかもしれないというリスクを負うわけだが、私は喜んでその
リスクを負いたい。ショートしようとする場合は、たとえ本当にトレ
ンドが下向きに転換したという確信が持てなくても直近高値より、わ
ずか上にストップを置いて高い位置にショートポジションを建てるこ

とを好む。トレンド転換が確認できるのを待つのは私の性には合わない。たしかに、トレンドの転換に確信は持てるが、低い位置からショートすることになってしまい、大きな損失のリスクをはらむストップを置くことになるからだ。

このようなトレード方法を取るためには、すぐにトレンド転換が起こりそうだという主張を支えるための十分な証拠を積み重ねる必要がある。トレーディングスタイルが異なる人たちは、チャネルやトレンドラインを明確にブレイクして、それまでの波動とは反対方向のインパルスが出るまで待ったほうがいいと主張するだろう。それはそれで有効な戦略だ。さて、この２つのアプローチのどちらを採用するかだが、それは単純に個人のリスク許容度の違いの問題なのだろうか？　あるいは、どちらを採用するかを分析によって決めることができるのだろうか？　２つの問いに対する答えはともに「イエス」だ。では、具体例を見よう。

図9.1には現時点のマーケットにおける３つの主要なフィボナッチ比率の関係が満たされたフィボナッチクラスターが確認できる。このような状況のマーケットで、私は(1)波の始点から１ティック上にストップを置いて売り建てする。トレードが上手くいくというはっきりした証拠があるのにどうしてこれがリスキーに見えるのだろう。法廷用語を使うならばそれは状況証拠にすぎず、すでにトレンド転換したと言える決定的な証拠があるわけではない。しかし、いくつかの強力な証拠がトレンド転換しそうであることを示唆している。

私が間違っている可能性もある。もし、トレンドがまだ転換していなかったとしたら正しい波動カウントはどうなるのだろうか。チャートで示された価格の安いところ（**図9.2**）は拡大フラットの（C）波終点であり、マーケットは(3)波の３波の上昇トレンドにあるという見方もできる。こうしたシナリオが展開されるのはいままで何度も見てきた。リスクを避けたい人には**図9.3**のような代替戦略がある。

239

図9.1 メインの波動のカウントと好みのエントリーポイント

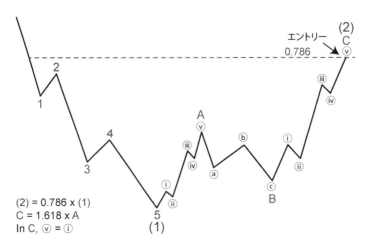

図9.2 代替カウント

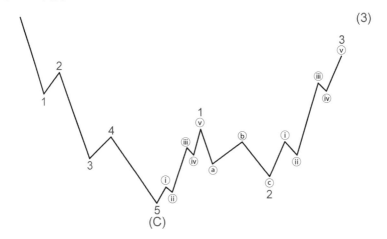

図9.3 メインの波動のカウントと好みのエントリーポイント

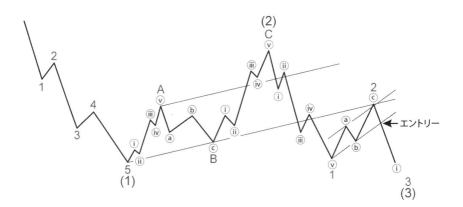

　(2)波のジグザグが形成するチャネルの下値線を下向きのインパルスが割るのを待つという戦略だ。そして、(3)波の3波のⓘ波が2波のチャネルを割った時に売り建てる。転換点が近いという強力な証拠がない時は、**図9.3**で示したようにさらなる確信が得られるまで待つのが賢明と言えるのかもしれない。同様に考えるなら、トライアングルではＢ－Ｄラインを、収縮型ダイアゴナルでは２－４ラインを割るのを待ったほうがいいだろう。

　私が生計を立てるために自己資金を使ってトレードしていた頃、「エリオット波動以外にどんなツールを使っているのか？」とよく聞かれたものだが、それに対して私はいつも「使えるものならなんでも使う」と答えていた。

　ほかのテクニカル指標を使うことは、エリオット波動による分析を補強してくれて、どこが間違っているのかについて警告を発してくれる（第６章参照）。テクニカル指標は３つのカテゴリーに分類できる。センチメント（投資家の心理的指標）、モメンタム（価格変化、日柄、出来高）、エリオット波動以外のパターン（たとえばサイクル理論や三

尊天井など）だ。テクニカル指標はシンプルに捉えて一番分かりやすいものを使うとよい。たくさんの指標を同時に表示させてしまうとむしろ正しい判断の妨害になってしまうことがある。

　最後に、私たちのエリオット波動分析に関する考えは発展途上であることをご理解いただきたい。波動パターンの分析はとても面白く有益だが、そこにはいつもさらなる新しい発見が待っている。誰かが新しい発見をしてくれるのを待つ必要はない。もし、あなたが分析やトレードする過程で新しい発見をしたら、それを私たちに教えてほしい。

付録

エリオット波動入門

Appendix: Introduction to the Wave Principle

　1930年代、R・N・エリオットは、市場価格は彼が「波動」と呼ぶもので構成されているある種のパターンに従って動いていることを発見した。そして、波動のパターンの特性を波動原理と呼んだ。どの波動も価格と時間の始点と終点があり、ひとつの波動パターンの終点が次の波のパターンの始点になっているという形で連続している。基本的なパターンは独立した5つの波が連結してできていて、価格が上昇したり下落したりする方向に波動を進展させていく（**図A.1**）。

　1から5までの5波の連続した動きは、マーケットをメイントレンドの方向に推進させるものなので、推進波（motive wave）と呼ばれる。この副次波の1波、3波、5波もまた推進波だ。副次波の2波と4波は、メイントレンドを妨げるようにそれとは逆方向に動くので、修正波（corrective waves）と呼ばれる。

　推進波にはエリオット波動の2つのルールが当てはまる。2波によるリトレースメントは常に1波の100％未満であるということと、副次波の中の3つの推進波の中で3波が一番短くなることはない、ということだ（ただし3波が3つの推進波の中で必ずしも一番長くなる必要はない）。

　5波の連続した動きが完成した後は修正波が始まる。修正波はその直前の推進波による進行を部分的にリトレースする。そして、修正波

243

図A.1 基本パターン

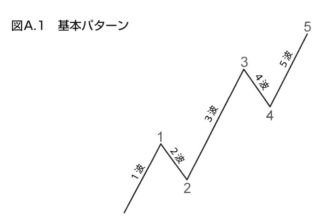

出所＝『エリオット波動入門』の図をもとに改変

図A.2

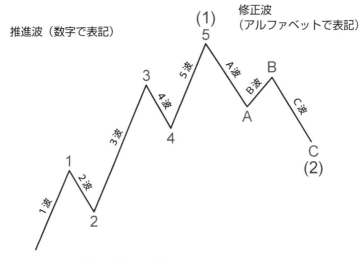

出所＝『エリオット波動入門』の図をもとに改変

は3波動か、3波動の構造が連結した特定の形になる。それらの波はA、B、Cのようにアルファベットで表記される（**図A.2**）。

図A.3のように、すべての波動は、より大きな階層（degree）の波動を構成する部分（副次波）となる。また、すべての波はより小さな

図A.3

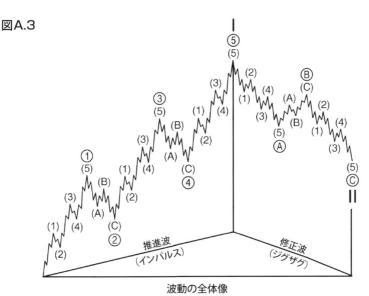

出所＝『エリオット波動入門』の図をもとに改変

階層の波に分けることができる。そして、推進波も修正波も上昇と下落のどちらの波動にもなりうる。

また、いくつかのルールとガイドラインが波形の判断に適用される。ガイドランは「いつも必ずそうなるというものではないが、そうなることが多い」という条件を示したものだ。その点でガイドラインは波動の厳密な条件を示したルールとは異なる。

推進波（Motive Waves）

推進波にはインパルスとダイアゴナルの2種類がある。

インパルス（Impulse）

インパルスは最も強い推進波の波形で、次の３つのルールを満たすものだ。

1. ２波は１波の始点を決して超えない。言い換えると、２波は１波を100％未満しかリトレースしない。
2. 副次波の中の３つの推進波の中で、３波は決して一番短くはならない。しかし、３波が一番長くなる必要はない。
3. ４波は１波の領域に決して食い込まない。

これらのルールに加えてもうひとつ強力なガイドラインがある。それは、「４波は２波の領域に食い込まない」というものだ。たとえば、上向きのインパルスの２波が拡大型フラットとなった場合、２波は１波の領域をはみ出す（つまり、２波の副次波のB波が１波終点を上回る）が、４波はその「１波からはみ出した２波の領域」にも食い込まない、ということになる。

ルールはリアルタイムで波動分析する際の必要不可欠な条件だ。**図A.4**の波動のカウントの例を見てみよう。１つ目のカウントは間違っている。なぜなら４波の終点が１波の領域に食い込んでいるからだ。２つ目のカウントも間違っている。３波が一番短い推進波になっているからだ。３つ目のカウントは、３波目の最初の３波動のカウントを正しく示している。４つ目のカウントは、３波が推進波の中で一番長くはないが、一番短くもないのでこれも正しいカウントだ[17]。最後のカウントは２波が１波を100％以上リトレースしてしまっている形なので、これは間違いだ。

インパルスにおいては、１波と５波は常にインパルスかダイアゴナルどちらかの推進波であり、３波は必ずインパルスとなる。２波と４

図A.4

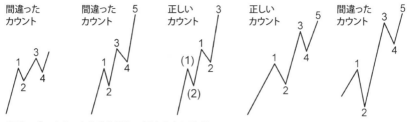

出所＝『エリオット波動入門』の図をもとに改変

波は必ず修正波だ。ゆえにインパルスは5－3－5－3－5構造と呼ばれている。

延長（Extension）

インパルスにおいてはしばしば推進波のひとつ（通常は3波か5波）が延長する。延長波とは、同じインパルスの副次波の中の3つの推進波の中で、他の推進波に比べて巨大化したインパルスのことだ。延長波の副次波の推進波は、延長していない他の推進波と同程度かそれ以上に大きくなる。

図A.5は、1波、3波、5波が延長したケースをそれぞれ図で示したものだ。一番下の図のように、5つの推進波の長さが同じくらいの長さになり、どの推進波が延長したのか判断不能になるケースもある。この場合、延長したのが1波、3波、5波いずれの可能性もあるが、どの波が延長していても9波動が確認できるかぎり、実践上の問題はないので、この点にあまりこだわる必要はない。株式市場では3波目が延長するケースがよく見られるし、商品市場では5波が延長するケースがよくある。

1波が延長した場合、3波と5波はだいたい同じくらいの大きさに

図A.5

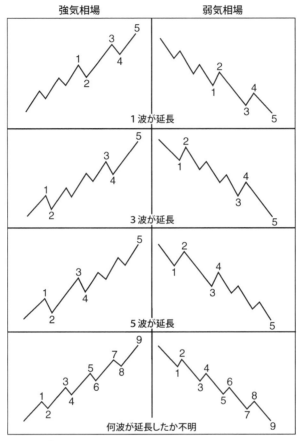

出所＝『エリオット波動入門』

なることが想定される。3波が延長した場合には、5波は1波と同じくらいの大きさになることが想定される。5波が延長して、それが終了した後は、延長波の副次波2波まで素早く鋭い反転の動きが起こることが想定される。2つの推進波が延長することは滅多にないが、それが起きる場合は通常3波と5波においてである。こうしたケースは、ダブルエクステンションと呼ばれる。

　延長波の中で延長が起きる場合は、延長するのはその延長波と同じ

図A.6

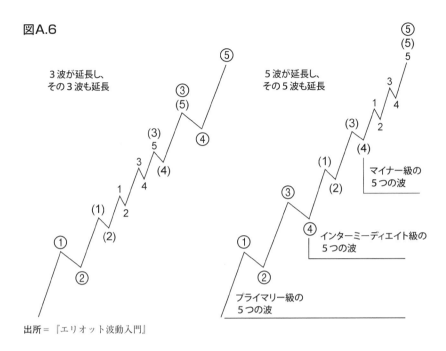

出所＝『エリオット波動入門』

位置になるのが普通だ。たとえば3波が延長した場合には、その副次波の3波がしばしば延長する（図A.6）。

トランケーション（Truncation）

インパルスの中で、5波が3波終点を超えることに失敗したケースをトランケーションと呼ぶ。トランケーションとなった5波もまた5波動構成となる（図A.7）。トランケーションとなった5波はひと回り大きな波動のトレンドの勢いが衰えていることを示すサインと言えるが、それは非常に強い3波に続いて起こることが多い。トランケーションとなった5波に続いては、素早く鋭い反転の動きが起こることが多い。

249

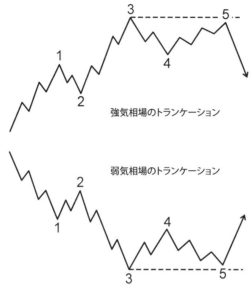

出所＝『エリオット波動入門』

ダイアゴナル（Diagonal）

　ダイアゴナルとインパルスはどちらも推進波である。しかし、ダイアゴナルはインパルスの3つのルールのうち1つ目と2つ目には該当するが、3つ目の「副次波4波は1波の領域に食い込まない」というルールには当てはまらない。ダイアゴナルがインパルスと決定的に異なるのはこの点だ。実際にダイアゴナルでは4波は、ほぼいつでも1波の領域に食い込む。

　通常、ダイアゴナルは収縮型になるが、まれに拡大型になることもある。収縮型では、3波が1波よりも短くなり、5波が3波より短くなり、4波は2波より短くなる。拡大型では、3波は1波より長くなり、5波は3波より長くなり、4波は2波より長くなる[18]。拡大型ダ

付録　エリオット波動入門

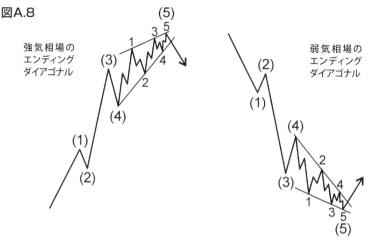

出所=『エリオット波動入門』の図をもとに改変

イアゴナルはごくたまにしか出現しないので、ここからは収縮型に絞って話を進めよう。

　ダイアゴナルにはリーディングダイアゴナルとエンディングダイアゴナルの2種類があるが、後者のほうが一般的だ。エンディングダイアゴナルでは、副次波の1波、2波、3波、4波、5波は常に修正波の形になり、具体的には単独のジグザグかジグザグの複合型になる。エンディングダイアゴナルはインパルスの5波かジグザグやフラットのC波としてのみ出現する。ジグザグとフラットに関する詳細は後述する。

　図A.8で、(5)波は収縮型ダイアゴナルになっている。収縮型ダイアゴナルは収縮する2つのトレンドラインに挟まれる形であり、くさび型になる。ダイアゴナルのトレンドラインというのは、1波終点と3波終点を結んだトレンドラインと、2波終点と4波終点を結んだトレンドラインのことだ。5波終点は1-3ラインの上か、上下どちらかにわずかにずれた位置、それらのいずれにもなりうる。5波がトレン

251

図A.9

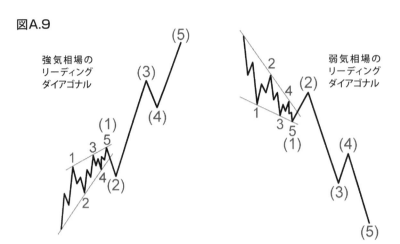

出所＝『エリオット波動入門』の図をもとに改変

ドラインを超えるケースはスローオーバーと呼ばれる。エンディングダイアゴナルが形成された後、通常は素早く鋭い反転の動きが起こって少なくともダイアゴナルの始点まで動き、通常はそれ以上の動きになる。この反転の動きにかかる時間は、ダイアゴナル形成にかかった時間の3分の1から2分の1と短い場合が多い。

　リーディングダイアゴナルにおいては、1波、3波、5波のすべてがインパルスになるか、そのすべてがジグザグの形になる。2波と4波はいつもジグザグだ。リーディングダイアゴナルはインパルスの1波、あるいはジグザグのA波として出現するが、この形はきわめてまれだ。

　図A.9で、(1)波は収縮型のリーディングダイアゴナルだが、収縮型のエンディングダイアゴナルと同じ特徴の波動になっている。

付録　エリオット波動入門

修正波（Corrective Waves）

　マーケットにおいて、「一直線に進むものはない」という格言を聞いたことが誰にもあるだろう。エリオット波動理論はこの見方を具現化したものだ。マーケットのトレンドは、いつでもそのトレンドを妨げる動きにあうものだが、エリオット波動の用語では、こうした"妨げる動き"のことを修正波という。

　修正波には急こう配のものと横ばいのものがある。急こう配の修正波は、通常、比較的険しい角度であり、その波が修正の対象とする直前の波が付けた高値や安値を決して超える動きにはならない。横ばいの修正波はそのトレンドラインが横ばいに近く、通常、その修正波が終了するまでのあいだに直前の波が付けた高値や安値を超える動きになる。すべての修正波は、同じ階層の直前の波動を一部分リトレースする形になる。修正波はさまざまな変形で現れてくるので、その形をリアルタイムで特定したり、いつ完成するのかを知ろうとするのは難しいことだ。

　修正波の３つの基本形はジグザグ、フラット、トライアングルだ。エリオティシャン(エリオット波動分析を行う人)は、しばしば「スリー」という単語を修正パターンを指す言葉として使う。２つ、ないしそれ以上の修正波が連結して横ばいの修正波を形成することもあり、その波形は複合修正波（combination）と呼ばれる。

ジグザグ（Zigzag）

　ジグザグは３波動構成の急こう配の修正パターンで、副次波はA－B－Cと表記する。A波は常にインパルスかリーディングダイアゴナル、C波は常にインパルスかエンディングダイアゴナルである。B波は常に修正波であり、ジグザグ、フラット、トライアングル、複合修

253

図A.10 ジグザグ

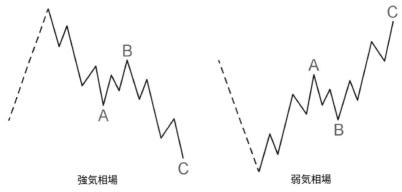

　　　　強気相場　　　　　　　　　弱気相場

出所＝『エリオット波動入門』の図をもとに改変

正波のいずれにもなりうる。以上のことから、ジグザグは5－3－5構造と呼ばれる（図A.10）。

　ジグザグにおいて、B波は決してA波終点を超える動きにならない。そしてC波はほとんどいつもA波終点を超える動きとなる。もし、C波がA波終点を超えない場合、それはトランケーションとなったC波（truncated wave C）と呼ばれる。

　ジグザグによる修正の動きは、ジグザグが1つだけのものに加えて、2つ、あるいは3つが連結した形を取ることもあるが、3つの連結が限界のようだ。複数のジグザグがある場合には、ジグザグどうしが連結して別の修正波を形成する。ダブルジグザグの中では、最初のジグザグはW、2つ目のジグザグはY、この2つを結び付ける修正波をXと表記する。トリプルジグザグでは、3つ目のジグザグがZとなる。X波はどんな修正波にもなりうるが、通常はジグザグになる。X波は常にW波と反対方向に動く（図A.11）。

図A.11　ダブルジグザグ

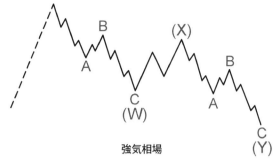

強気相場

出所＝『エリオット波動入門』の図をもとに改変

フラット（Flat）

　フラットは横ばいで3波動構成の修正パターンであり、副次波はA－B－Cと表記する。A波とB波は常に修正波であり、C波はいつも推進波だ。ゆえにフラットは3－3－5構造と言われる。フラットにおいて、A波は決してトライアングルにはならない。B波は通常A波を少なくとも90％はリトレースする。フラットには、レギュラー、拡大型、ランニングと3つのタイプがある。最も一般的なのは拡大型フラットであり、ランニングフラットはまれだ。
　レギュラーフラットでは、B波終点はA波始点とだいたい同じ水準になり、C波終点はA波終点を少し超える（図A.12）。
　拡大型フラットでは、B波終点はA波始点を超え、C波終点はA波終点を大きく超える（図A.13）。
　ランニングフラットでは、B波終点はA波始点を超えるが、C波終点はA波終点を超えることに失敗する形になる（図A.14）。

255

図A.12 レギュラーフラット

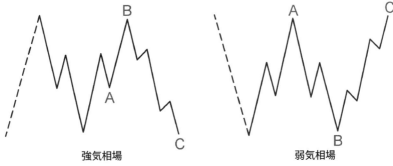

出所＝『エリオット波動入門』の図をもとに改変

図A.13 拡大型フラット

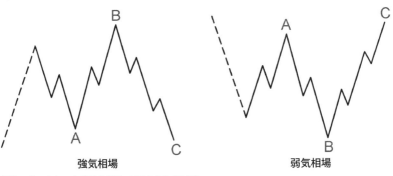

出所＝『エリオット波動入門』の図をもとに改変

図A.14 ランニングフラット

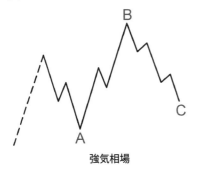
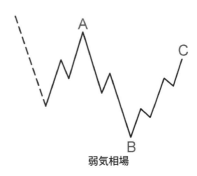

出所＝『エリオット波動入門』の図をもとに改変

図A.15 トライアングルの種類

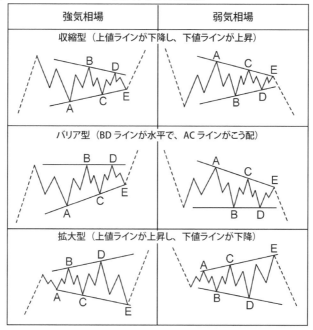

出所＝『エリオット波動入門』

トライアングル（Triangle）

　トライアングルは横ばいの修正波であり、副次波はA－B－C－D－Eと表記する。トライアングルの副次波はいずれもジグザグかジグザグの複合型であるのが普通であるため、トライアングルは3－3－3－3－3構造と呼ばれる。5つの副次波のうち少なくとも4つがジグザグとなり、1つはジグザグの複合型（ダブルジグザグ、トリプルジグザグ）になることがあるが、それはC波であるのが普通だ。**図A.15**のように、トライアングルには収縮型、バリア型、拡大型の3タイプがある。

　また、トライアングルのA波終点とC波終点を結んだ線はA－Cト

図A.16

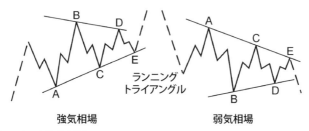

出所＝『エリオット波動入門』

レンドライン、B波終点とD波終点を結んだラインはB－Dトレンドラインという。E波終点はA－Cトレンドライン上になることも、その手前になることも、それを超えることもある。

　収縮型トライアングルとバリア型トライアングルでは、A－CトレンドラインとB－Dトレンドラインは収縮する形になる。バリア型トライアングルでは、B－Dトレンドラインは水平になり、A－Cトレンドラインはひと回り大きな階層のメイントレンドの方向になる。拡大型トライアングルではA－CトレンドラインとB－Dトレンドラインは拡張していく形になる。

　収縮型トライアングルにおいては、C波は決してA波終点を超えず、D波は決してB波終点を超えず、E波は決してC波終点を超えない。B波はA波始点を超える場合も超えない場合もある。**図A.16**のように、B波がA波始点を超える場合、そのトライアングルは収縮型のランニングトライアングルと呼ばれる。これはよく出現する形だ。

　バリア型トライアングルは収縮型トライアングルと同じ性質を持つが、バリア型トライアングルはD波終点がB波終点と同じ水準になるという点で収縮型トライアングルと異なる。拡大型ではA波完成の後、新しい副次波は前の副次波の始点を超える形になる。

図A.17 ポスト・トライアングル・スラストの目標値の計算法

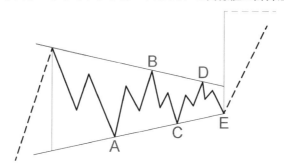

出所＝『エリオット波動入門』

　トライアングルは常に、ひと回り大きな階層のメイントレンドと同じ方向の最後の推進波に先行して出現する。最後の推進波は、通常、素早くて鋭い動きとなり、ポスト・トライアングル・スラスト（post-triangle thrust）と呼ばれている（**図A.17**）。

　インパルスの４波として形成される収縮型トライアングルとバリア型トライアングルの後のスラストの最小目標水準は、Ａ－Ｃトレンドラインと　B－Dトレンドラインを伸ばして、A波始点のところから垂直の線を引いてできる２つのトレンドラインに挟まれた線分の長さとして見積もることができる。この垂直な線分の長さをその「トライアングルの幅」と呼ぶ。トライアングルの幅をE波終点に加えると、ひと回り大きな階層におけるメイントレンドの方向の次の値動きのメドが計算できる。

　インパルスにおいては、ポスト・トライアングル・スラストの測定で５波の最小値を想定することができる。５波がこの想定水準を超えて動くのであれば、延長した５波となることが想定される。

図A.18 ダブルスリー

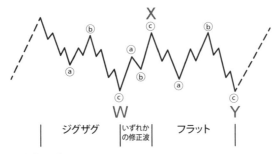

出所＝『エリオット波動入門』

複合修正波（Combination）

　複合修正波は、2つ以上の修正波が連結する形でできた横ばいの修正パターン。修正波の連結は3つまでが限界のようだ。それぞれの修正波はX波を介して連結される形になり、そのX波は3つの特徴——どんな修正波にもなりうる、常に直前の修正波と反対方向になる、通常はジグザグとなる——を持つ。複合修正波として連結する修正波（W波、Y波、Z波）の中でトライアングルは1つしか出現せず、それが出現する時は、いつも連結する修正波の最後の修正波となるようだ。複合修正波にはダブルスリーとトリプルスリーの2つのタイプがある。

　ダブルスリーは2つの修正波の波形を含む。1つ目はW、2つ目はYと表記され、この2つの波はX波があいだに入り連結される形になる。図A.18はたくさんあるダブルスリーの種類のうちのひとつだ。トリプルスリーは3つの修正波を含み、それらはW、Y、Zと表記され、X波を介して連結する形になる。ただし、トリプルスリーが出現するのはまれだ。ダブルスリーやトリプルスリーの中でX波は通常はジグザグであり、トライアングルになるのは最後のX波だけだ。

図A.19

フィボナッチ比率と倍率		
比率	逆数	Φ^N
.618	1.618	$(1.618)^1$
.382	2.618	$(1.618)^2$
.236	4.236	$(1.618)^3$
.146	6.854	$(1.618)^4$
.090	11.089	$(1.618)^5$

フィボナッチ比率関係（Fibonacci Relationships）

　波動パターンにおける価格と時間にはよくフィボナッチ比率の関係性が現れる。波動に関する知識の中で特に重要なフィボナッチ比率は0.618であり、これは黄金比率として知られている。これはギリシャ文字のΦで表され、「ファイ」と発音する。その逆数は1.618だ。Φは1に加えた時にその逆数になる唯一の数字である。このΦを二乗する、または1からΦを引くと0.382という数字になる。これももうひとつのフィボナッチ比率だ。

　図A.19はいくつかのフィボナッチ比率を示している。それぞれの比率はΦ——つまり0.618かその逆数の1.618の累乗——で表すことができる。波動の形に関連するその他の重要なフィボナッチ関連の数には、0.5、0.618の平方根である0.786、1.0、2.0などがある。

　エリオット波動のパターンにおけるフィボナッチ比率による波動どうしの関係性には、リトレースメント、倍数、分割の3つのタイプがある。これらの数値は価格に関しての長さを見積もる際に使うのが一般的だが、時間に関する長さを見積もる時にも使う。

図A.20　フィボナッチ・リトレースメント

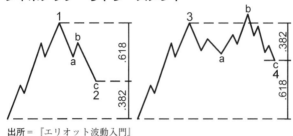

出所＝『エリオット波動入門』

図A.21

B波	正味リトレースメント（％）
ジグザグ	50–79
トライアングル	38–50
ランニングトライアングル	10–40
フラット	38–79
複合修正波	38–50

ジグザグにおける
A波に対するB波による
リトレースメントの目安

リトレースメント（Retracements）

　インパルスにおいて、2波は通常1波の長さの0.618倍近くの深いリトレースメントになる。そして4波は通常3波の長さの0.382倍近くという浅いリトレースメントになる（図A.20）。

　ジグザグにおいては、A波に対するB波によるリトレースメントはB波の波形による。たとえば図A.21では、B波がジグザグならA波の0.5から0.786倍がリトレースメントの目安になるし、B波がトライアングルならA波の0.382倍か0.5倍のリトレースメントの目安になる。

図A.22　インパルスにおけるフィボナッチ倍率

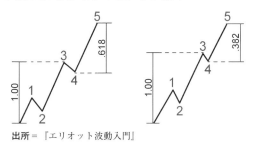

出所＝『エリオット波動入門』

倍率（Multiples）

インパルスにおいて、5波はしばしば1波から3波まで動いた距離の0.618倍か0.382倍になる（**図A.22**）。

3波が延長した場合は、5波は1波の1倍か0.618倍程度になることが想定される。5波が延長した場合には、5波は1波から3波まで動いた距離の1.618倍程度になることが想定される。1波が延長した場合には、3波から5波までの距離が1波の0.618倍程度になることが想定される（**図A.23**）。

単独のジグザグとジグザグの複合形における最も一般的なフィボナッチ比率関係は1倍だ。ジグザグにおいてはC波＝A波、ダブルジグザグにおいてはY波＝W波という関係である（**図A.24**）。

1倍という関係にならない場合は、**図A.25**に示したような他のフィボナッチ比率関係を探してみよう。

ジグザグの複合型の比率関係は、ジグザグの比率関係と同じように考えられる。

レギュラーフラットにおいて、A波、B波、C波は、一般的にどれも同程度の長さになる（**図A.26**）。

拡大型フラットにおいては、C波はA波の1.618倍か、C波がA波終

図A.23　インパルスにおけるフィボナッチ倍率

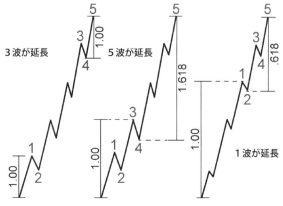

出所＝『エリオット波動入門』の図をもとに改変

図A.24　ジグザグにおけるフィボナッチ倍率

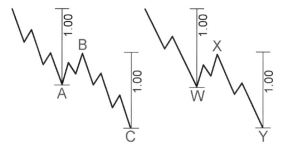

出所＝『エリオット波動入門』の図をもとに改変

264

図A.25

フィボナッチ比率関係
ジグザグ
C波＝A波
C波＝A波×0.618
C波＝A波×1.618
C波＝A波を超えた部分がA波×0.618
ダブルジグザグ
Y波＝W波
Y波＝W波×0.618
Y波＝W波×1.618
Y波＝W波を超えた部分がW波×0.618
トリプルジグザグ
W波、Y波、Z波は同程度
Z波＝Y波×0.618

図A.26　フラットにおけるフィボナッチ倍率

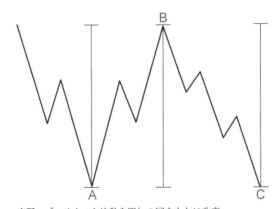

出所＝『エリオット波動入門』の図をもとに改変

265

図A.27　拡大型フラットにおけるフィボナッチ倍率

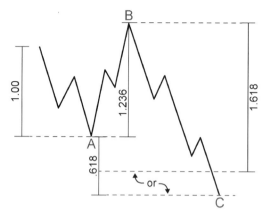

出所=『エリオット波動入門』の図をもとに改変

図A.28　トライアングルにおけるフィボナッチ倍率

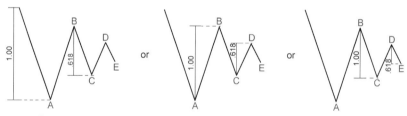

出所=『エリオット波動入門』の図をもとに改変

点を超えた部分の長さがA波の0.618倍程度になることが想定される（**図A.27**）。

　収縮型トライアングルの副次波どうしの比率は、ひとつ置きにフィボナッチ比率の0.618倍程度の関係になることが多い（**図A.28**）。

　拡大型トライアングルに関するこの比率は1.618だ。

図A.29 黄金分割

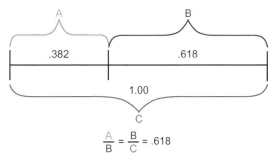

出所＝『エリオット波動入門』の図をもとに改変

分割（Dividers）

　長さを分割する際に、小さい部分と大きい部分の比率が、大きい部分と全体の長さとの比率と同じになるように分割するとしたら、その比率は常に0.618になる（**図A.29**）。

　こうした分割のしかたを黄金分割といい、全体を0.382対0.618に分けるものである。ある波の終点はよく何かの波動を黄金比率、もしくは0.5対0.5に分割する。

　インパルスにおいては、4波（通常はその始点か終点）がしばしば波動全体を黄金分割か0.5対0.5に分割するポイントとなる（**図A.30**）。

クラスター（Clusters）

　可能なかぎり、ひとつだけのフィボナッチ比率関係でマーケットの想定をしないようにしたいものだ。そうした意味で、フィボナッチ比率分析の最も強力な使い方は、フィボナッチクラスターである。フィボナッチクラスターは、フィボナッチ関連数値による目標値が同じくらいの水準に2つ以上集まっている状態（フィボナッチ・タイム・ク

図A.30 インパルスにおけるフィボナッチ分割

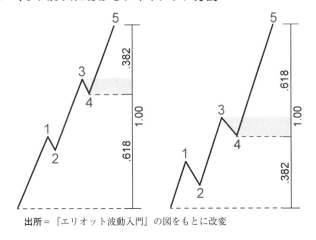

出所＝『エリオット波動入門』の図をもとに改変

ラスターは、フィボナッチ関連数値により計算された時間目標が2つ以上同じ時間の近くに集まっている状態)。波動パターンはすべての時間軸で同時に展開しているので、フィボナッチクラスターはしばしば発生する。**図A.31**はフィボナッチクラスターを図解したもの。同水準で次の3つのフィボナッチ比率関係が確認できる水準を特定している。

1. プライマリー②波が、プライマリー①波の0.618のリトレースメントになっている。
2. 拡大型フラットにおいて、インターミーディエイト(C)波がインターミーディエイト(A)波の1.618倍になっている。
3. インターミーディエイト(C)波のインパルスにおいて、マイナー5波がマイナー1波と同じ長さになっている。

図A.31　フィボナッチクラスター

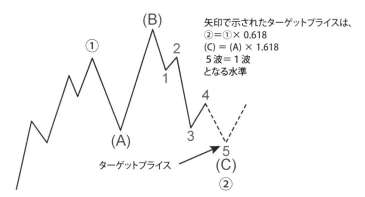

出所＝『エリオット波動入門』の図をもとに改変

エリオット波動用語集

Glossary of Elliott Wave Terms

オルタネーションのガイドライン（alternation［guideline］）

　インパルスにおいて、2波が急こう配の修正波ならば、4波は通常横ばいの修正波になる傾向がある。また、2波が横ばいの修正波ならば、4波は通常急こう配の修正波になる傾向がある。

頂点（apex）

　収縮型トライアングルや収縮型ダイアゴナルの2つのトレンドラインの交差する点。

バリア型トライアングル（barrier triangle）

　B波終点とD波終点を結んだトレンドラインが水平でA波終点とC波終点を結んだトレンドラインがひと回り大きなトレンドと同じ方向である、という形のトライアングル。

チャネルのガイドライン（channeling［guideline］）

　インパルス、ジグザグ、ジグザグの複合型は、平行なトレンドラインに挟まれたチャネル内で推移することが多い。

複合修正波（combination）

　X波と呼ばれる修正波によって仲介されて、2つないし3つの修正波が連結して形成される横ばいの修正波。

収縮型トライアングル（contracting triangle）

　A波終点とC波終点を結んだラインとB波終点とD波終点を結んだラインが収縮する形のトライアングル。

修正波（corrective wave）

　3波動構成の波形あるいはトライアングルの波形のこと。もしくはそれらが複合してできた波形のこと。

修正波の深さのガイドライン（depth of corrective waves〔guideline〕）

　修正波は、特にそれが4波の場合には、その最大の戻りはひとつ下の階層の前の4波が動いた範囲となる傾向がある。とりわけ、4波の終点近辺まで修正するのが最も普通である。

ダイアゴナル（diagonal）

　平行なチャネル内で推移するという形になることがほとんどなくて、ほぼ常に4波が1波の範囲に食い込む形になる推進波であり、以下の4つの種類がある。

- **収縮型エンディングダイアゴナル**　上値線と下値線が収縮する形のダイアゴナル。インパルスの5波、フラットやジグザグのC波として現れる波。3－3－3－3－3という構成で、副次波はいずれもジグザグかジグザグの複合型である。
- **収縮型リーディングダイアゴナル**　上値線と下値線が収縮する形のダイアゴナル。インパルス、ジグザグの最初の副次波として現れる波。3－3－3－3－3という構成で、副次波はいずれもジ

グザグかジグザグの複合型である。5－3－5－3－5という構成になることもある。

- **拡大型エンディングダイアゴナル**　上値線と下値線が離れていく形のエンディングダイアゴナル。
- **拡大型リーディングダイアゴナル**　上値線と下値線が離れていく形のリーディングダイアゴナル。

ダブルスリー（double three）

2つの修正波が、もう1つの修正波を仲介して連結する形の複合型の波。連結する最初の修正波をW波、仲介する修正波をX波、連結する2つ目の波をY波と呼ぶ。

ダブルジグザグ（double zigzag）

急こう配の修正波の一種であり、2つのジグザグが別の修正波を介して連結する形。連結する最初のジグザグをW波、仲介する修正波をX波、連結する2つ目の修正波をY波と呼ぶ。

波の均等性のガイドライン（equality［guideline］）

インパルスの副次波の3つのアクション波（トレンド波）のうちひとつが延長した場合、他の2つのアクション波が時間的にも大きさ的にも均等になる傾向がある、というガイドライン。

拡大型フラット（expanded flat）

A波よりもB波が大きく、B波よりもC波が大きくなるフラットのパターン。

拡大型トライアングル（expanding triangle）

A－CラインとB－Dラインが開いていく形のトライアングル。

273

延長（extension）
　インパルスの副次波の中の３つのアクション波（トレンド波）の１つが巨大化した波。延長波の副次波の中のアクション波は、通常、その延長波と同じ階層の他のアクション波と同等かそれ以上の大きさになる。

フェイラー（failure）　トランケーションの項を参照。

フラット（flat）
　横ばいの修正波であり、副次波はＡ－Ｂ－Ｃと表記されて３－３－５という構成になっている。つまり、３波動のＡ波、３波動のＢ波、５波動のＣ波によって構成されている。

フィボナッチ比率関係（Fibonacci relationships）
　波動どうしが価格や時間の観点からフィボナッチ数やフィボナッチ比率によって説明できる関係になっていること。

黄金分割（Golden Section）
　0.618対0.382の比率に分割されること。インパルスの副次波４波の始点もしくは終点は、そのインパルス全体を黄金比か１対１に分ける。こうした比率関係をフィボナッチ価格分割と呼ぶ。

ガイドライン（guidelines）
　波動形成の特性のうち ── 常にではないが ── 通常見られるもの。

インパルス（impulse wave）
　５－３－５－３－５という構成の推進波。通常はチャネルを形成するように動き、４波は決して１波の領域に食い込まない。

イレギュラーフラット（irregular flat）　拡大型フラットの項を参照。

推進波（motive wave）
　ひと回り大きなトレンドと同じ方向に進む波動（トレンド波、アクション波）として現れる5波動構成の波。2波は1波を100％リトレースすることはなく、1波、3波、5波の中で3波が一番小さくなることはない。推進波にはインパルスとダイアゴナルの2種類がある。

オートドックスな天井（底）（orthodox top ［or bottom］）
　ひとつの波動の終点の水準のこと。

トライアングル完成後のスラストの目標水準の計算法
（post-triangle thrust measurement）
　トライアングル完成後に出る波動は通常は急激で急速な値動きになり、そうした動きのことをスラストと呼ぶ。トライアングル完成後のスラストがどこまで進むかというターゲットプライスの計算は、E波の終点にトライアングルの幅を加えることで行うが、その計算によって得られたターゲットプライスはそのスラストのターゲットプライスの最小値となる。

レギュラーのフラット（regular flat）
　B波終点がA波始点付近となり、C波終点はA波終点を少し超えた形となるフラットのこと。

波の正しい姿（right look）
　波がルールやガイドラインに沿った一定の形、比率、トレンドラインに従って形成されている場合、その波は「正しい姿」という。

275

ルール（rules）

波動形成の際に必ず現れる特徴のこと。

ランニングフラット（running flat）

フラットの一種。B波終点がA波始点を十分に超えているのに、C波はA波の終点を超えられずに拡大型フラットになり損なってしまう形。

ランニングトライアングル（running triangle）

収縮型トライアングルの一種。B波終点がA波始点を超えてしまう形。

急こう配修正波（sharp corrective wave）

急激な角度で修正する修正波。上昇波動に続く修正波の場合、その上昇波動の高値を超えない。また、下落波動に続く修正波の場合、その下落波動の安値を割り込むことはない。

横ばいの修正波（sideways corrective wave）

横ばい形の修正波。上昇波動に続く修正波の場合、その上昇波動の高値を超える高値を付けることが多く、また、下落波動に続く修正波の場合、その下落波動の安値を割り込む安値を付けることが多い。

３波の３波（サード・オブ・ア・サード）（third-of-a-third impulse wave）

インパルスの副次波の３波のそのまた副次波の３波目の波。通常、インパルスの中で最も強い値動きになる。

スリー（three）

修正波の別称。修正波の多くは３波動構成であるためにこのように

呼ばれる。

スローオーバー（throw-over）

インパルスの5波がチャネルの上下のラインを超えていく動き、あるいはダイアゴナルの5波が上下ラインを超えていく動き。

トライアングル（triangle）

横ばいの修正波の一種。3－3－3－3－3という構成で、A－B－C－D－Eと表記する。副次波のすべては原則としてジグザグだが、そのうちのひとつはジグザグの複合型になることが多い。また、E波がトライアングルとなることもある。

トリプルスリー（triple three）

3つの修正波が2つの修正波を仲介して連結する複合型の修正波。連結する最初の修正波をW波、2つ目の修正波をY波、3つ目の修正波をZ波、仲介する2つの修正波はどちらもX波と呼ぶ。

トリプルジグザグ（triple zigzag）

急こう配の修正波の一種であり、3つのジクザグが別の修正波を介して連結する形。連結する最初のジグザグをW波、2つ目の波をY波、3つ目の波をZ波といい、これらを連結する2つの修正波はどちらもX波という。

トランケーション（truncation）

推進波の5波の終点が3波の終点を超えることに失敗すること、あるいはジグザグのC波の終点がA波終点を超えることを失敗すること。

277

収縮型トライアングルの幅、バリアトライアングルの幅
（width of a contracting or barrier triangle）
　トライアングルのA波始点から垂直な線を引いてB－Dライン（B波終点とD波終点を結んだライン）と交差するまでの距離。

拡大型トライアングルの幅（width of an expanding triangle）
　トライアングルのE波始点から垂直な線を引いてB－Dライン（B波終点とD波終点を結んだ線）と交差するまでの距離。

ジグザグ（zigzag）
　急こう配修正波の一種。副次波が5－3－5の構成で、A－B－Cと表記される。

訳注

1. 上向きの５波動構成の波を観察できたら、ひと回り大きな波動のトレンドは上向きである。しかし、その上昇トレンドがその後も続くのかということになると、そうとは限らない。

　　具体的には、その５波動構成の波がインパルスの５波、ジグザグやフラットのＣ波の場合にはその５波動構成の波が完成することでひと回り大きな上昇トレンドが完了し、その後、下降トレンドが始まると想定できる。つまり、５波動構成の波を確認するだけでなく、その波がどの波形のどの位置で形成されているのかという点も考えることが実践では必要になる。たとえば、１波やＡ波として５波動構成の波が出現した場合には、その後も上昇トレンドが続くことが想定できる。

2. エリオット波動を投資の世界に広めた研究者、ハミルトン・ボルトンは、複合修正波はサイクル級などの大きな階層では出現しないという見解を述べている。

3. ここでジグザグが完成したというのは想定のひとつと捉えるほうがよい。フラットやトライアングルなど、他の修正波が展開している途中の可能性やリーディングダイアゴナルを形成している可能性もある。

4. 修正波（corrective wave）というのは、正確に言えば、おもに反トレンド波に出る波形のことであり、ジグザグ、フラット、トライアングル、複合修正波などのこと。これらの修正波はおもにひと回り大きなトレンドを中断する波として出現するが、フラットのＡ波や複合修正波のＷ波、Ｙ波などのように、ひと回り大きなトレンドと同じ向きとなるものもある。ただし、一般的には、修正波は反トレンド波であることが多いので、「修正波はひと回り大きなトレンドを一時中断させるもの」「ひと回り大きなトレンドと逆向きの波」と考えられるし、「修正波が出現したら、それと逆方向のトレンドがまだ継続している」と判断することができる。

5. ここで述べられているフィボナッチ比率の関係は、３波や４波まで終了したあとに５波の終点の目標を立てる方法。ここに書かれている比率関係の話は、「ピタピタ当たる魔法のような数字」というよりも、「波形の判定や株価目標の想定をする際の目安になる」という程度に考えておくべきだろう。

6. プレクター＆フロストの『エリオット波動入門』では、Ａ波はフラットにもなると説明されている。

7. 『エリオット波動入門』では「２波は急こう配になることが多い」と説明されている。

8. 『エリオット波動入門』では、「延長している波動の副次波のアクション波は、延長していないひと回り大きなアクション波とほとんど同じ大きさになる」と説明されている。

9. 『エリオット波動入門』にそうした説明はなく、訳者のこれまでの観察でも、こうした傾向はあまり見つかっていない。

10. 『エリオット波動入門』では、「その平行線は(ⅲ)波終点から引くべきだ」と述べている。

11. インパルスが終了したあとに起きる波が推進波なのか修正波なのかという問

題については、そのインパルスよりひと回り大きな下降波がまだ継続してい
るかどうかによって答えが異なる。ひと回り大きな下降波が継続しているな
らば、インパルスに続いて起きる波は修正波となるし、ひと回り大きな下降
波が完成して上昇波がスタートしたならばインパルスに続く波は推進波とな
る。図3.19で(v)のあとの上昇波は、この形だけ見るとジグザグにも見えるが、
ここで波形が完成したのかどうかを判断することができない。この上昇波を
「修正波」と著者が判断した根拠は記されていないが、そうした判断は、ひと
回り大きな波動の分析などに基づいて行う。

12. 「(リスク)フリー」とか「利益を確保した」などと表現しているが、実際に
は大きなギャップを上げて上昇したり下落したりすることもあるので、その
場合にはストップの水準を飛び越えて約定して損失になってしまうこともあ
る。

13. 一般的には、実体線だけで前日の値動きの範囲を包む形を包み足と呼ぶ。著
者は、上下のヒゲの部分を含めて前日の値動きの範囲を包む形を「包み足」
としている。

14. 一般的によく使われる移動平均線は、一定期間の株価(通常は終値)を単純
に平均した単純移動平均で描いたもの。それに対して、指数平滑移動平均線
は近い日付の株価ほど指数関数的にウェートが大きくなるように工夫して計
算されて描かれた移動平均線のこと。

15. ヒーティングオイルなど保管費用がかかる商品の先物の場合、期限が先の先
物ほど保管費用が高くなる分、先物価格が高くなるのが普通である。

16. この事例では、図8.5で検討したフィボナッチの時間関係の分析で得られた
9月12日という想定よりもかなり早い5月22日に取引を終えることになった。
この事例を見るかぎり、フィボナッチ時間関係の有効性については検討を要
すると思われる。

17. ここでカウントが「正しい」(correct)というのは、ルールに違反していな
いという意味だ。その時点でルールに則した正しいカウントでも、その後に
本当にそのカウントの示すとおりの展開になる保証はない。通常、ルールに
則った正しいカウントはいくつか存在し、その中でどれが正解なのかは時間
がたって波動が展開してみないと分からない。現時点ではルールに則した正
しいカウントでも、相場が展開していく中でルールにそぐわなくなり「間違
っていた」ということになる可能性もある。あくまでもこの時点において「正
解になる可能性が高いカウントの候補のひとつ」と捉えておくとよい。

18. 収縮型ダイアゴナルにおいて、5波は3波より小さくなることが多いが、3
波が1波より大きくなるケースもよく見られる。『エリオット波動入門』でも
3波が1波よりも大きくなっている事例が収録されている。

訳者解説

　本書は、「ジグザグやフラットが出現したとき、次に出るインパルス
をどう狙っていくか」「トライアングルが出たあとのエントリーのしか
た」「ジグザグのＣ波をどうトレードに生かす」「ダイアゴナル完成後
の反転を狙ったトレード手法」といった4つの波動形成局面での具体的
なポジションメークの方法が主な内容となっている。

　さらには、エリオット波動とその他のテクニカル指標の併用のしか
たや、エリオット波動を用いたオプション戦略といったレベルの高い
テクニカル分析およびトレード手法にも言及している実践書である。

　だが、実践書であるがゆえに、提示されているチャートおよびそれ
に対するカウントが、エリオット波動の「ルールやガイドライン」に
厳密に適合しているかどうかといった点に関しては疑問を感じるとこ
ろもある。

　本書のなかのチャートはたしかにエリオット波動で規定されている
波形に見えるが、それを含む一回り大きな波動までエリオット波動の
「ルールやガイドライン」との整合性があるのかどうかといった点であ
る。実際にチャートアプリを使って当該部分を含む一回り大きな波動
を調べてみると、本書での波形認識が必ずしも正しいとは限らないチ
ャートもあるといった認識に至った。

　しかし、本書に書いてあるトレード手法を実践することにおいては、
一回り大きな波動との整合性を無視しても実質的には問題はない。こ
こに、本書に何度も登場する「これは私が知っている波形なのか」と
いうフレーズの真意があるのではないかと思う。

　エリオット波動原理には、波形に関する「ルールやガイドライン」が
実に詳細に規定されている。そして、波動がフラクタル構造になってい
るというエリオット波動原理の基本概念に照らし合わせれば、そうした

「ルールやガイドライン」はいま分析対象になっている波形の階層にとどまることなく、その一回り大きな波動、さらにもう一回り大きな波動、あるいは反対に、一回り小さな波動、さらに一回り小さな波動といったように分析可能なあらゆる階層の波動に対しても適切に当てはまっているかが確認できて初めてカウントを確定することができる。

　だが、これは原則論にすぎない。

　本書では、実際のトレードは「これは私が知っている波形なのか」と自問し、そこにジグザグやフラット、トライアングル、あるいはインパルスという波形を確かなものとして認識できれば、それぞれの波形に応じたトレード手法を使ってエントリーできるという解釈が根底にあるように思う。

　本書を読み進めるにあたってもう一つだけ重要なワードを挙げるとすればそれは「フィボナッチクラスター」だろう。複数の波動に対するフィボナッチ比率を算出し、それによる目標価格が近似する価格帯をトレードのターゲットとして設定するという手法である。本書にはそうしたターゲット設定の事例がいくつも掲載されている。「フィボナッチクラスター」によって設定されたターゲットと現実の株価の動きを検証しながら読んでいくと興味深い発見があるだろう。

　本書の特徴は何といっても実際のチャートを使って、そのカウントとエントリー、およびイグジットのポイントまでを明確にしているという点である。読み進める際に、自分ならどうカウントしたのか、またその場合どこでエントリーしたのか、その結果自己流の判断と本書に書いてあるトレードではどちらの収益が多かったかといった比較した見方をすることでエリオット波動を用いたトレードに対する理解がより一層深まるのではないかと思う。

　2019年11月27日

　　　　　　　　　日本エリオット波動研究所　有川和幸

■著者紹介
ウェイン・ゴーマン（Wayne Gorman）
エリオット・ウエーブ・インターナショナル（EWI）の教育資源部門代表。セミナーやオンライン講座を通じて指導した生徒数は数千名に及ぶ。キャリアをスタートさせたシティバンクでは、マネーマーケットおよびデリバティブマーケットのトレーダーなどを歴任した。EWIに参加する以前は、4年以上にわたり、自身で専業トレーダーとして活動していた。

ジェフリー・ケネディ（Jeffrey Kennedy）
EWIのチーフ・コモディティ・アナリスト。アナリストおよびトレーダーとしての20年以上の経験から、コモディティ・マーケットの『Futures Junctures』の執筆・編集を担当。『Elliott Wave Junctures』で波動原理、テクニカル分析、トレーディングに関するデイリービデオ講座の配信を手がけている。また、ジョージア工科大学にて、テクニカル分析で教鞭をとるかたわら、定量的ファイナンス、金融工学プログラムの非常勤講師もつとめている。

■訳者紹介
一般社団法人日本エリオット波動研究所
エリオット波動に関する研究を目的として2017年1月に設立。エリオット波動理論による波動分析やトレード手法の研究をしている。最新の研究成果やカウントの発表などは公式サイト（http://jewri.org）にて。

有川和幸　一般社団法人日本エリオット波動研究所代表理事
小泉秀希　一般社団法人日本エリオット波動研究所理事

2020年1月2日　初版第1刷発行
2020年2月2日　　第2刷発行

ウィザードブックシリーズ㉛

図解 エリオット波動トレード

著　者	ウェイン・ゴーマン、ジェフリー・ケネディ
訳　者	一般社団法人日本エリオット波動研究所
発行者	後藤康徳
発行所	パンローリング株式会社
	〒160-0023　東京都新宿区西新宿7-9-18　6階
	TEL 03-5386-7391　FAX 03-5386-7393
	http://www.panrolling.com/
	E-mail　info@panrolling.com
装　丁	パンローリング装丁室
組　版	パンローリング制作室
印刷・製本	株式会社シナノ

ISBN978-4-7759-7241-0
落丁・乱丁本はお取り替えします。
また、本書の全部、または一部を複写・複製・転訳載、および磁気・光記録媒体に
入力することなどは、著作権法上の例外を除き禁じられています。

本文　©Japan Elliott Wave Research Institute　／図表　©Pan Rolling　2020 Printed in Japan

Visual Guide to

ELLIOTT WAVE
TRADING

by Wayne Gorman and Jeffrey Kennedy
Foreword by Robert R. Prechter, Jr.